Sven-David Müller

Das Kalorienkiller-
Kochbuch

Stoffwechsel-Turbos im Einsatz: über 140 Rezepte
zum Abnehmen und Schlankbleiben

www.knaur-ratgeber.de

Inhalt

Vorwort

Liebe Leserinnen und Leser,

mit dem Kalorienkiller-Konzept wird Abnehmen für Sie zum Kinderspiel. Kalorienkiller sind Substanzen, die den Stoffwechsel zur Fettverbrennung führen, die Sättigung nachhaltig fördern und zum gesunden Fettgewebsabbau beitragen. Sie beugen sogar dem gefürchteten Jo-Jo-Effekt vor. Ich habe für Sie wissenschaftliche Studien analysiert und natürliche Nahrungsinhaltsstoffe entdeckt, die eindeutig den Kalorienverbrauch steigern, die Fettverbrennung fördern, den Insulin-Teufelskreis durchbrechen, dem Jo-Jo-Effekt vorbeugen, Hunger vermeiden und Appetit hemmen. Mit diesem Kochbuch möchte ich Ihnen Kalorienkiller in Theorie und Praxis vorstellen und Ihnen zeigen, dass Sie zukünftig auch ohne Diäten abnehmen können.

Obwohl nach Expertenschätzung rund ein Fünftel der Bevölkerung praktisch immer »auf Diät« ist und im Frühjahr mindestens ein Drittel der Menschen dem Bauch zu Leibe rücken will, nimmt die Zahl der Übergewichtigen nicht ab. Das ist nicht etwa merkwürdig, sondern leicht zu erklären: Diäten sind einfach wirkungslos. Jo-Jo-Effekt und ungesunde Crashdiäten sorgen nämlich dafür, dass die Menschen nur kurzfristig abnehmen. Häufig schließt sich eine »Diätkarriere« an, in der kleine Polster an Bauch und Hüften zu einem dicken Problem heranwachsen. Aus einer kleinen Schönheitstücke wird dann oft ein riesiges Gesundheitsthema.

Meine zwanzigjährige Erfahrung in der Diät- und Ernährungsberatung sowie in der Betreuung von Übergewichtigen hat mir gezeigt, dass wir alltagstaugliche Konzepte statt starrer Diätpläne benötigen. Das Kalorienkiller-Konzept zwingt Sie nicht, eine komplizierte Diätkostform einzuhalten, die sich im Alltag einfach nicht durchführen lässt, vielmehr erhalten Sie eine Vielzahl von Tipps und Tricks, die Ihnen beim Abnehmen helfen. Mit den Kalorienkillern können auch Berufstätige und gestresste Eltern leicht abnehmen und dauerhaft schlanker bleiben. Wenn Sie jeden Tag eine Anzahl Kalorienkiller in Ihren Speiseplan einbauen, nehmen Sie auch nicht wieder zu.

Die Kalorienkiller wirken besonders effektiv im Rahmen einer kalorienreduzierten Ernährungsweise, die reichlich körperliche Aktivität in Form von Alltagsbewegung und Fitnesssport einschließt. Aber natürlich ist es auch möglich, allein durch die Kalorienkiller gezielt abzunehmen. Mit einer Reduktion der Kalorienzufuhr und einer Steigerung des Energieverbrauchs durch Sport ist der Effekt größer.

Essen und dabei abnehmen ist keine verführerische »Diätlüge«, sondern vielmehr beschreibt diese Aussage den Effekt von Kalorienkillern. Durchbrechen Sie den Teufelskreis eines ständigen Zu- und Abnehmens, und setzen Sie voll auf Kalorienkiller: Heizen Sie Ihren Stoffwechsel an, bringen Sie Ihre Verdauung in Schwung, fördern Sie die Sättigung, und hemmen Sie den Appetit. Das alles können Kalorienkiller, wie wissenschaftliche Studien eindeutig belegen.

Starten Sie noch heute mit dem Programm: Trinken Sie kaltes (Mineral-)Wasser, und Sie verbrauchen durch eine Steigerung der Wärmeproduktion des Körpers mehr Energie. Essen Sie Harzer Käse, der viel sättigendes Eiweiß, aber praktisch kein Fett enthält. Würzen Sie Ihre Speisen und auch Getränke scharf, und steigern Sie so Ihren Energieverbrauch. Trinken Sie nach den Mahlzeiten einen starken Kaffee, um den Energiestoffwechsel anzukurbeln. Und nehmen Sie ausreichend Vitamine und Mineralstoffe auf, um dafür zu sorgen, dass alle Prozesse im Stoffwechsel optimal funktionieren können.

Sie werden sehen: Mit verhältnismäßig kleinem Aufwand schlagen Sie dem Jo-Jo-Effekt ein Schnippchen. Sie werden und bleiben für immer schlanker! Starten Sie jetzt mit einem schlanken Leben ohne Einschränkungen, und sagen Sie den wirkungslosen Diäten und dem Kalorienzählen einfach ade!

Viel Erfolg wünscht Ihnen
Sven-David Müller

Kalorienkiller –
der Weg zur Wohlfühlfigur

*Übergewicht ist kein Schicksal, das Sie bedingungslos anneh-
men müssen. Mit den Kalorienkiller-Tricks schaffen Sie es, Ihr
Gewicht zu senken und dauerhaft schlank zu bleiben.*

Übergewicht – ein dickes Problem

Nach aktuellen Statistiken leiden rund 50 Millionen Menschen in Deutschland an Übergewicht. Dabei handelt es sich nicht allein um ein kosmetisches Problem: Übermäßige Fettablagerungen in den Fettzellen werden immer mehr auch zu einem Gesundheitsrisiko.

Ist Dicksein Schicksal?

Energieaufnahme und -speicherung werden im Stoffwechsel durch vielfältige Mechanismen geregelt. Warum aber gerät diese fein abgestimmte Steuerung bei so vielen Menschen durcheinander? Die Antwort ist ganz einfach: Der Mechanismus ist nicht gestört, im Gegenteil: er funktioniert ausgezeichnet. Was nicht mehr zusammenpasst, sind die heutigen Lebensumstände und das genetische »Programm« unseres Körpers. Die Menschheitsgeschichte war von Hungersnöten bestimmt und nicht wie heute vom »großen Fressen«. Das Überleben der Spezies »Mensch« war jahrtausendelang nur dadurch gesichert, dass der Organismus in der Lage war, Energie in den Fettzellen zu speichern, damit diese in Notzeiten langsam freigesetzt werden konnte. So deutet Ihr Körper eine Diät, bei der Sie einige Kilogramm abnehmen, immer noch als Notzeit. Nach Beendigung der Diät ist das Hauptziel des Stoffwechsels der Wiederaufbau von Fettmasse.

Volkskrankheit Übergewicht

Wie in vielen anderen Ländern ist in Deutschland die Zahl der Übergewichtigen in den letzten Jahrzehnten deutlich gestiegen. Es fehlt nicht mehr viel, und wir haben in dieser Beziehung die US-amerikanischen Verhältnisse eingeholt. Dieser Trend ist äußerst bedenklich, da Übergewicht die Entwicklung vieler chronischer Krankheiten begünstigen kann. Besonders gefährdet sind Übergewichtige, die unter Bluthochdruck leiden, rauchen oder sich zu wenig bewegen.

Bereits bei Kindern sollte Übergewicht und Adipositas (Fettleibigkeit) entgegengewirkt werden. Vieles weist darauf hin, dass in der Kindheit angelegtes Übergewicht zu einem

Risikofaktor Übergewicht

Schon bei geringem Übergewicht kommt es zu einem gehäuften Auftreten von Diabetes mellitus, Typ 2, vielen besser unter dem Begriff »Altersdiabetes« bekannt.

Risikofaktor im Erwachsenenalter werden kann, selbst wenn diese Kinder als Erwachsene normalgewichtig sind.

Was ist Übergewicht?

Sie kennen das sicher: Der eine schwört auf BMI, der nächste findet, dass eine Frau jenseits der Kleidergröße 42 übergewichtig ist, der dritte rechnet nach wie vor: Körpergröße minus 100. Aus ernährungsphysiologischer Sicht ist Übergewicht aber nicht eine große Zahl von Kilogramm, sondern eine zu große Fettmenge im Körper. Übergewicht ist eine oberhalb der Norm liegende Fettmenge im menschlichen Körper, während Fettsucht oder krankhaftes Übergewicht als Adipositas bezeichnet wird. Der Body-Mass-Index (BMI) wird aus Körpergewicht und Körpergröße berechnet. Werte unter 19 gelten als zu niedrig, über 25 als zu hoch.

$$BMI = \frac{Körpergewicht/kg}{(Größe/m)^2}$$

Dieser Wert wird heute vorwiegend als statistische Größe verwendet. Zur Analyse des Gewichtsproblems einzelner Personen ist er eher ungeeignet. Niemand würde auf die Idee kommen, einen durchtrainierten Kraftsportler mit einem BMI von über 25 als übergewichtig zu bezeichnen.
Auch eine normale Personenwaage kann nur eine bestimmte Menge Gewicht anzeigen, die Verteilung von Fett- und Muskelmasse bleibt im Dunkeln. Besser funktioniert eine Körper-

Messen Sie Ihren Bauchumfang mit einem Maßband

- vor dem Frühstück
- stehend mit freiem Oberkörper – am besten vor dem Spiegel
- an der dicksten Stelle des Bauches – das ist meist zwei Zentimeter oberhalb des Nabels
- leicht ausgeatmet

fettwaage, sie kann die Werte für Wasser-, Fett- und Muskelmasse im Körper bestimmen. Mit dieser Waage können Sie im Verlauf einer Gewichtsreduktion nachprüfen, wie viele Kilogramm Fett Sie aus den Fettzellen entleeren. Die einfachste Methode zur Bewertung des Körperfettgehalts – neben dem kritischen Blick in den Spiegel – ist die Messung des Bauchumfangs. Messen Sie zu Beginn der Umstellung auf eine Kalorienkiller-Ernährungsweise den Bauchumfang und danach zur Überprüfung etwa alle 14 Tage.

Nun kann es sein, dass Sie aus kosmetischen Gründen ein paar Kilo abnehmen möchten; beträgt Ihr Bauchumfang jedoch mehr als 80 Zentimeter (bei Frauen) oder 94 Zentimeter (bei Männern), sollten Sie auf alle Fälle abnehmen. Das gesundheitliche Risiko für verschiedene Folgeerkrankungen steigt oberhalb dieser Werte erheblich an. Setzen Sie auf Kalorienkiller, um Gutes für Ihre Gesundheit und Ihre Figur zu tun. Jeder Zentimeter zählt.

Fettzellen: Energiespeicher und Hormonfabriken

Zwischen 40 und 120 Milliarden mehr oder weniger gut gefüllte Fettzellen (Adipozyten) befinden sich im Körper eines Erwachsenen. Während bei schlanken Menschen weniger Fettzellen nur moderat gefüllt sind, weisen Übergewichtige eine deutlich größere Anzahl prall gefüllter Fettzellen auf. In jeder Fettzelle befindet sich ein kleiner Energiespeicher für Notzeiten. Echte Notzeiten gibt es glücklicherweise in unseren Breiten nicht mehr, jede Diät- und Fastenaktion wird von Ihrem Körper aber als eine solche Notzeit gedeutet. Nachdem die Fettreserven eine Zeit lang angegriffen wurden, sind die Fettzellen bei einem wieder ausreichenden Nahrungsangebot bestrebt, die Speicher schnellstmöglich wieder aufzufüllen.

Fettzellen sind jedoch weit mehr als nur Fettspeicher: Sie produzieren Hormone, Botenstoffe sowie Entzündungsstoffe und andere Substanzen. Forscher haben bereits mehr als 100 Stoffe identifiziert, die von den Fettzellen gebildet werden. Eine große Anzahl riesiger Fettzellen produziert große Mengen Hormon- und Botenstoffe, das Fettgewebe übernimmt sozusagen die Regie im Körper – mit gefährlichen Folgen. Besonders rasch zeigt sich die Wirkung auf das Hormon Insulin. Eine große Anzahl an Fettzellen sorgt dafür, dass es zu einer Insulinresistenz kommt. Obwohl der Körper genügend Insulin produziert, kann der Blutzuckerspiegel nicht gesenkt werden, weil der Körper eine Resistenz dagegen entwickelt hat. Die Folge: Diabetes mellitus.

Auch die Produktion des Sättigungshormons Leptin funktioniert bei Übergewichtigen nicht mehr reibungslos.

Zunächst hatten Wissenschaftler die Idee, Leptin als appetitzügelndes Medikament einzusetzen. Diese Hoffnungen haben sich jedoch zerschlagen, als man feststellte, dass Übergewichtige ständig eine hohe Leptinkonzentration aufweisen und trotzdem hungrig sind, obwohl die Fettzellen prall gefüllt sind. Es ist zu einer Leptinresistenz gekommen, der Körper reagiert nicht mehr auf die appetithemmenden Signale.

Die Fettzellen-Anzahl: keine feste Größe

Viele Jahre galt die Annahme, dass die endgültige Anzahl von Fettzellen im Baby- und Kleinkindalter festgesetzt wird und im Laufe des Lebens nicht mehr zu verändern ist. Neueste Erkenntnisse zeigen, dass diese Annahme nicht stimmt. Die Kalorienkiller können die Anzahl von Fettzellen reduzieren.

Muskelmasse – Fettmasse

Während bei schlanken Menschen der Fettgehalt der Körpermasse 15 bis 25 Prozent beträgt, kann er bei starkem Übergewicht auf mehr als 50 Prozent ansteigen. Männer haben in der Regel weniger Fettgewebe und mehr Muskulatur als Frauen. Das ist auch der Grund, warum Männer rascher abnehmen.

Der Energiebedarf des Körpers ist stark vom Anteil der Muskelmasse abhängig. Ein hoher Muskelanteil am Körpergewicht bedeutet einen höheren Kalorienbedarf. Ziel sollte also sein, Muskelmasse aufzubauen und den Fettpolstern an Bauch und Beinen zu Leibe zu rücken. Mit Kalorienkillern kein Problem! Bedenken Sie aber: Für den Abbau von einem Kilogramm Körperfett müssen etwa 7000 Kilokalorien eingespart werden. Das kann man an einem Tag nicht schaffen, denn der durchschnittliche Energieverbrauch pro Tag liegt »nur« bei etwa 2000 bis 2500 Kilokalorien. Diäten, die Ihnen einen Gewichtsverlust von einem Kilogramm pro Tag vorgaukeln, sind nicht seriös, Sie verlieren während der – meist sehr kargen – Diätphase nur Wasser, Muskelmasse und Glykogen (die Speicherform von Kohlenhydraten), jedoch kein Fett.

Die Fettpolster sollen weg

Um die überflüssigen Fettpolster schmelzen zu lassen, gibt es verschieden Strategien. Nicht nur, wer zu viel isst, bringt zu viele Kilo auf die Waage, auch bei andauerndem Bewegungsmangel hat die Wohlfühlfigur keine Chance. Stoffwechselstörungen wie eine Unterfunktion der Schilddrüse oder eine lange »Diätkarriere«, die dem Metabolismus derart geschadet hat, dass es zu einer immer geringer werdenden Muskelmasse gekommen ist, sind weitere Faktoren für das gewichtige Problem mit den Pfunden. Wer Stress mit Essen bekämpft, sollte vielleicht als

Erstes versuchen, Entspannungsübungen zu erlernen. Ansonsten gilt: Kalorienkiller bieten die richtige Strategie auf dem Weg zu einer schlanken und gesunden Figur. Sie sind alltagstauglich, und Sie müssen keine erneute Gewichtszunahme fürchten. Kalorienkiller können mehr als eine Diät, und auch der gefürchtete Jo-Jo-Effekt kann Ihnen nichts anhaben.

Melonen bieten eine perfekte Kalorienkiller-Kombination: Ballaststoffe und Wasser.

Essen gegen die Pfunde

Essen und dabei abnehmen ist keine Hexerei: Eine Vielzahl von Lebensmitteln macht das Abnehmen zum Kinderspiel. Auch wenn es keine Lebensmittel gibt, die negative Kalorien enthalten, steht Ihnen eine Vielzahl von leckeren Lebensmitteln zur Verfügung, die satt machen und Top-Kalorienkiller sind.

Kalorienkiller machen schlank!

Kalorienkiller sind ganz vielfältige Stoffe, Lebensmittel und Strategien, die einen positiven Einfluss auf den Energiestoffwechsel haben. Da gibt es welche, die besonders nachhaltig sättigen, andere, die den Stoffwechsel auf Hochtouren bringen und die Wärmeproduktion ankurbeln. Wieder andere sorgen im Stoffwechsel für eine optimale Fettverbrennung. Sie können Muskulatur aufbauen, und manche sind sogar in der Lage, die Fettausscheidung zu fördern. Während es bei Diäten darum geht, Kalorien zu zählen und einzuschränken oder von dem einen oder anderen Nährstoff viel oder wenig aufzunehmen, setzt die Kalorienkiller-Ernährungsweise auf ein ganz einfaches Prinzip: Kalorienkiller werden einfach in den Alltag eingebaut. Überflüssige Pfunde lassen sich nicht nur durch eine kalorienreduzierte Diät und reichlich anstrengenden Sport reduzieren. Mit vielen Einflussfaktoren können Sie in Ihren Stoffwechsel eingreifen und diesen mit Kalorienkillern effektiv beeinflussen.

Gesunde Ernährung nach Kalorienkiller-Art

Während klassische Diäten seitenlang die Ge- und Verbote beschreiben, kommt die Kalorienkiller-Ernährungsweise mit wenigen einfachen Tipps und Hinweisen aus. Die Nahrungsinhaltsstoffe liefern unserem Körper unterschiedlich viele Kalorien. Eine Ernährung mit einem optimalen Mix aus Kohlenhydraten, Proteinen und Fetten ist Voraussetzung für eine Gewichtsreduktion. Eine Kalorienkiller-Ernährungsweise setzt auf langsam resorbierbare Kohlenhydratträger. Sie enthalten reichliche Mengen an Ballaststoffen, die für lang anhaltende Sättigung sorgen. Zu dieser Gruppe gehören Vollkornprodukte, Pellkartoffeln, Frischobst, Hülsenfrüchte und Gemüse.

Energiegehalt der Nährstoffe

1 Gramm Kohlenhydrate	4 kcal
1 Gramm Protein (Eiweiß)	4 kcal
1 Gramm Fett	9 kcal

Von besonderer Wichtigkeit für den menschlichen Organismus sind Proteine (Eiweiße) und deren kleinste Bausteine (Aminosäuren). Häufig wird dieser Gruppe zu wenig Beachtung geschenkt, sie sind jedoch wichtig für eine aktive Muskulatur, sie verbrauchen bei der Verarbeitung im Stoffwechsel reichlich Kalorien und sättigen nachhaltig. Aminosäuren sind sogar echte Schlankstoffe. Besonders gute Protein- und Aminosäurelieferanten sind fettarme Milchprodukte wie Harzer Käse, Kochkäse und Magerquark. Für einen optimalen Stoffwechsel sorgen auch die Proteine aus magerem Rind- und Schweinefleisch, aus Sojaprodukten und Hülsenfrüchten. Fette versorgen den Körper mit Energie und mit lebensnotwendigen Fettsäuren. Ganz auf sie zu verzichten ist daher nicht möglich. Es kommt vielmehr darauf an, hochwertige Fette in ausreichenden Mengen zu wählen. Raps- und Leinöl gehören ebenso dazu wie das Fett, das in Fischen und Nüssen enthalten ist. Gesättigte Fettsäuren und Transfettsäuren sollten Sie meiden.

Abnehmen ist einfach!

Sind Ihnen strenge Diätpläne zuwider? Haben Sie Kalorienzählen und Abwiegen satt? Haben Sie sich schon an viele Diäten streng gehalten und doch nicht abgenommen? Dann ist die Kalorienkiller-Ernährungsweise genau das Richtige für Sie. Die gesamte Familie kann mitessen, und für die Gesundheit tun Sie nur Gutes. Dabei müssen Sie nicht in erster Linie Ihre Energiezufuhr einschränken, sondern

Empfehlungen für die tägliche Energiezufuhr

Alter in Jahren	kcal Frauen	kcal Männer
15 bis 19	2400	3000
19 bis 25	2200	2600
25 bis 51	2000	2400
51 bis 65	1800	2200
über 65	1700	1900

Mehrbedarf bei:

mittelschwerer Arbeit
(z. B. Haushalt) + 600 kcal
Schwerstarbeit (z. B. Arbeit in der Landwirtschaft) + 1200 kcal
Schwerstarbeit (z. B. Hochleistungssportler) + 1600 kcal

Ihren Energieverbrauch durch Kalorienkiller erhöhen. Verwenden Sie einfach Kalorienkiller in jeder Mahlzeit, und Sie werden automatisch abnehmen. Für jede Mahlzeit gibt es im Rezeptteil des Buches Vorschläge. Suchen Sie sich Müslis, belegte Brote, Suppen, Salate und warme Mahlzeiten aus, und genießen Sie die abwechslungsreiche Kalorienkiller-Küche. Auch für die »Schleckermäulchen« ist gesorgt. Es gibt Rezepte für köstlichen Kuchen und fruchtige Desserts, sogar Eiscreme ist nicht verboten! Wenn Sie Ihre tägliche Kalorienzufuhr einschränken, nehmen Sie natürlich schneller ab. Aber auch ohne Kalorienbeschränkung gelingt der Fettabbau allein durch den Einsatz von Kalorienkillern.

Die wichtigsten Kalorienkiller

Stellen Sie sich Mahlzeiten zusammen, die reichlich Kalorienkiller enthalten. Ihrem Wohlfühlgewicht steht dann nichts mehr im Weg! Hier finden Sie kurze Steckbriefe der Kalorienkiller, die Top-Ten-Liste der Kalorienkiller sowie drei Wochenpläne mit Vorschlägen für Ihre Mahlzeitenplanung.

Proteine

Erhält der Körper in einer Lebensphase wie einer Diät zu wenig Eiweiß, holt er sich seinen Bedarf einfach aus den Muskeln. Damit wird leider auch der Energiebedarf des Körpers verringert. Es muss also das Ziel sein, den Körper mit ausreichenden Mengen an Protein zu versorgen, so dass während einer Gewichtsreduktion keine Muskelmasse abgebaut wird. Der gefürchtete Jo-Jo-Effekt, der dazu führt, dass nach einer Diät das Gewicht sofort wieder ansteigt, beruht auf diesem Mechanismus: Während der Diät wird Muskelmasse abgebaut – der Energiebedarf sinkt – bei gleicher Energiezufuhr wie vor der Diät nimmt man wieder zu. Muskeln sind der wichtigste Kalorienkiller im menschlichen Körper. Ziel der Ernährung muss es sein, Muskelmasse zu halten und – im besten Fall – durch körperliche Aktivitäten aufzubauen. Während einer Gewichtsreduktion darf es daher niemals zu einem Mangel an Protein kommen. Hochwertige Proteine stecken in vielen leckeren Lebensmitteln: Verwenden Sie zu jeder Mahlzeit fettarme Proteinlieferanten wie Harzer Käse, Magerquark, Joghurt, Beefsteakhack (Tatar), Kochschinken, Fischfilet, Tofu und Hülsenfrüchte. Proteine machen satt und sind für die Produktion wichtiger Hormone unerlässlich. Eine Tabelle mit hochwertigen Proteinlieferanten finden Sie in der hinteren Umschlagsinnenklappe.

Sättigungswirkung der Nährstoffe

Proteine – sehr sättigend (Empfehlung: magere Proteinträger wie Seefische, magere Milchprodukte, fettarmes Fleisch)

Ballaststoffreiche Kohlenhydratträger – gut sättigend (Empfehlung: Hülsenfrüchte, Vollkornprodukte, Gemüse und Obst)

Fett – kaum sättigend (Empfehlung: wenig hochwertiges Pflanzenöl: Lein-, Raps- oder Nussöle sowie Diätmargarine)

Kohlenhydrate mit hohem glykämischen Index – machen eher hungrig als satt (Empfehlung: möglichst meiden!)

Aminosäuren

Aminosäuren sind die kleinsten Bausteine der Proteine. Sie können vermutlich über zwei verschiedene Ebenen eine Gewichtsreduktion fördern: zum einen durch Förderung der Fettverbrennung, zum anderen durch Zügelung des Appetits. Einige Aminosäuren gelten als Stimulanzien des Wachstumshormons, das die Fettverbrennung fördert. Die Aminosäure Phenylalanin stimuliert ein weiteres Hormon, das in der Darmschleimhaut gebildet wird. Es wirkt als Botenstoff auf die Regulation von Hunger und Appetit. So kann durch eine ausreichende Versorgung mit Aminosäuren genügend Botenstoff gebildet werden. Ein Reiz signalisiert dem Gehirn Sättigung und stoppt dadurch eine weitere Nahrungsaufnahme.

Somatotropin

Der stärkste Fettverbrenner im menschlichen Körper ist das Wachstumshormon Somatotropin (STH). Es wird nachts aktiv, Ihr Körper produziert es im Tiefschlaf. Keine Sorge, Sie sollen keine Hormonpräparate einnehmen. Eine ausreichende Versorgung mit den Aminosäuren Arginin und Lysin ist völlig ausreichend, um die Ausschüttung des Kalorienkillers STH »anzukurbeln«. In Sojaprodukten, Gelatine, Fleisch, Geflügel, Fisch, Meeresfrüchten und Käse finden sich ansehnliche Mengen dieser Aminosäuren. Bevorzugen Sie zum Abendessen einen Mix aus hochwertigen, aminosäurehaltigen Lebensmitteln, dazu nicht zu viele Kohlenhydrate mit einem niedrigen glykämischen Index (Glyx, siehe Seite xx). So wird ein nächtliches Insulintief erreicht, genügend Somatropin wird produziert, und Sie können sich ganz entspannt schlank schlafen.

Ein bunter Blatt- und Rohkostsalat, mit mageren Proteinlieferanten wie Hähnchenbrust, Fischfilet oder Harzer Käse kombiniert, bietet hochwertige Aminosäuren und wenige Kohlenhydrate mit einem niedrigen Glyx – das ideale Abendessen, um die Ausschüttung des Kalorienkillers STH zu fördern.

Serotonin

Serotonin macht glücklich und schlank. Es handelt sich bei diesem Stoff um einen Neurotransmitter, der Informationen zwischen den Nervenzellen im Gehirn transportiert. Von Serotonin weiß man: Es macht ausgeglichen, bremst den Appetit, dämpft Schmerzen und fördert die Libido. Ein Mangel an Serotonin kann zu Antriebslosigkeit, Schlaf- und Essstörungen und Depressionen führen. Wenn dem Körper durch negativen Stress oder zu wenig Licht das Serotonin ausgeht und die Stimmung auf den Nullpunkt rutscht, hilft sich der Körper in der Regel selbst: mit Heißhunger auf deftige, proteinreiche Speisen und auf kohlenhydratreiche Süßigkeiten. Mit Hilfe von Kohlenhydraten und Aminosäuren ist der Körper in der Lage, Serotonin zu bilden. Am besten lassen Sie es nicht zu einem Stimmungstief kommen. Genügend Bewegung an frischer Luft beugt einem Mangel an Serotonin vor, eine eiweiß- und kohlenhydratreiche Ernährung wirkt ebenfalls dem »Winter-Blues« entgegen – gut gelaunt macht Abnehmen doppelt Spaß!

Harzer Käse

Ein perfekter Kalorienkiller für die kalte und warme Küche. Als Brotbelag, in Salaten, Suppen, Aufläufen und Gratins macht Harzer Käse

Ergänzen Sie beispielsweise ein Kartoffelgratin mit Harzer Käse – so bauen Sie ganz einfach einen Kalorienkiller in Ihre Mahlzeit ein.

eine gute Figur. Sauermilchkäse mit Kümmel, mit Rotschmier- oder Schimmelrinde ist unter den verschiedensten Namen bekannt. Je nach Region kann er auch Korbkäse, Landkäse, Handkäse, Mainzer oder Olmützer Quargel heißen. Allen gemein ist der Gehalt an hochwertigen Proteinen. Ganz anders als viele andere Proteinlieferanten aus der Käsefamilie enthalten diese Sauermilchspezialisten jedoch kaum Fett. Ihr Fettgehalt liegt bei unter einem Prozent. Weitere Inhaltsstoffe, die Harzer Käse auszeichnen, sind stoffwechseloptimierende Aminosäuren, ein hoher Anteil an Kalzium und »Schlankmacher-Vitaminen«. Ähnlich gute Qualitäten weisen auch die mageren Varianten von Kochkäse, Magerquark und Hüttenkäse auf.

Kalzium

Aktuelle Studien aus Amerika zeigen, dass die zusätzliche Zufuhr von 500 bis 1000 Milligramm Kalzium täglich den Erfolg einer Gewichtsabnahme steigert. Mit fett- und kalorienhaltigen Lebensmitteln soll diese Menge Kalzium jedoch besser nicht aufgenommen werden. Besser geeignet sind Nahrungsergänzungsmittel (z. B. Brausetabletten). Sie erhalten diese Präparate rezeptfrei in Apotheken oder in gut sortierten Drogerien. So gönnen Sie Ihrem Körper nahezu kalorienfrei eine Extraportion Kalzium, die Ihren Stoffwechsel auf Vordermann bringt. Der Kalziumgehalt innerhalb der Zelle steigt an, der Fettaufbau wird gehemmt, und im Gewebe wird der Fettstoffwechsel gefördert. Ihren Fettpolstern geht es mit einer zusätzlichen Kalziumration also doppelt an den Kragen.

Ballaststoffe

Pflanzliche Ballaststoffe sind unverdauliche Nahrungsbestandteile, die zu der Gruppe der Kohlenhydrate gehören. Ballaststoffe quellen im Magen mit Flüssigkeit auf und fördern dadurch die Sättigung. Außerdem sorgen Ballaststoffe dafür, dass der Blutzuckerspiegel nach einer Mahlzeit nicht in die Höhe schießt. Dadurch wird eine übermäßig hohe Insulinausschüttung verhindert. Reichliche Mengen an Ballaststoffen sind in Vollkornbrot und -mehl, Kleie, Leinsamen, Vollkornflocken, Hülsenfrüchten wie Erbsen, Bohnen und Linsen, in Obst und Gemüse enthalten. Diese Lebensmittel sollten in keiner Kalorienkiller-Mahlzeit fehlen.

Natürliche Ballaststoffergänzungen sind im Reformhaus erhältlich. Sie können damit problemlos Ihre tägliche Ballaststoffaufnahme erhöhen.

Aber nicht nur pflanzliche Ballaststoffe sind wichtige Kalorienkiller. Die tierische Substanz Chitosan wird häufig als Fettmagnet bezeichnet. Sie ist in der Lage, kleine Mengen Fett im Darm zu binden und unverdaut auszuscheiden. Isoliertes Chitosan ist als Nahrungsergänzungsmittel nicht zugelassen, es kommt aber von Natur aus in Champignons oder Austernpilzen vor.

Pektin

Der Ballaststoff Pektin kann große Mengen Wasser binden und sättigt nachhaltig, wie eine amerikanische Studie nachweist. Pektin nimmt

Ein perfektes Kalorienkiller-Paar: Ballaststoffe und Wasser

Damit Ballaststoffe im Magen aufquellen können, müssen sie Wasser binden. Trinken Sie vor jedem Essen einen Ballaststoff-Drink aus einem großen Glas Wasser mit etwas Pektin, Guarkernmehl, Inulin, Oligofruktose, Kleie, Leinsamen oder Flohsamenschalen. Das füllt den Magen, und Sie werden beim Essen schneller satt.

in der Reihe der Ballaststoffe eine besondere Stelle ein, denn es ist in seiner gesundheitsförderlichen Wirkung vielen anderen Ballaststoffen überlegen. Natürliche Quellen für Pektin sind vor allem Äpfel, Zitrusfrüchte und Quitten, Blaubeeren, Johannisbeeren, Stachelbeeren und Preiselbeeren. Flüssiges Pektin oder Nahrungsergänzungsmittel werden aus Apfeltrester (Rückstände bei der Apfelsaftgewinnung) und Zitrusfasern gewonnen.

Glykämischer Index

Der glykämische Index ist das neue Zauberwort in der Ernährungsmedizin. Besonders für die Bekämpfung von Übergewicht ist das Wissen um den glykämischen Index wichtig, denn er ist ein Maß zur Bestimmung der Wirkung eines kohlenhydrathaltigen Lebensmittels auf den Blutzuckerspiegel. Häufig wird der glykämische Index auch als GX, GI oder Glyx bezeichnet. Lebensmittel oder Speisen mit einem niedrigen glykämischen Index lassen den Blutzucker nur langsam ansteigen, fördern die Sättigung und beugen Heißhungerattacken vor. Bei Lebensmitteln mit einem hohen Glyx hingegen steigt der Blutzucker rasch an.

Die Blutzuckerwirksamkeit ist nicht nur vom Lebensmittel allein abhängig. Viele andere Faktoren spielen eine Rolle. Begleitende Gaben von Fett, Ballaststoffen und Flüssigkeiten spielen ebenso eine Rolle wie Zubereitungs- und Zerkleinerungsgrad. So hat eine Pellkartoffel einen deutlich geringeren Glyx als Kartoffelpüree, und frische Erdbeeren schneiden besser ab als Erdbeereis oder -kuchen. Werte für den glykämischen Index gängiger Lebensmittel finden Sie in der hinteren Umschlagsinnenklappe.

Pellkartoffeln

Pellkartoffeln haben eine feste Struktur, und das fördert die Sättigung. Gleichzeitig weisen sie auch einen viel geringeren glykämischen

Index als Salzkartoffeln oder Kartoffelpüree auf. Besonders praktisch für die Vorratsküche: Beim Abkühlen der Kartoffeln bilden sich aus einem Teil der Kartoffelstärke Ballaststoffe: die resistente Stärke, ein kalorienfreier Sattmacher. Diese Stärke zeichnet sich dadurch aus, dass sie resistent gegen Verdauungsenzyme ist und daher den Körper unverdaut wieder verlässt. Kochen Sie also mit gutem Gewissen Pellkartoffeln auf Vorrat, und genießen Sie Kalorienkiller-Kartoffelsalat, Aufläufe und deftige Pfannengerichte.

Feste Speisen, gut gekaut

Feste Speisen, die gut gekaut werden müssen, sind in doppelter Hinsicht Kalorienkiller. Zum einen hat schon das Kauen einen Einfluss auf den Hunger-Sättigungs-Mechanismus, zum anderen verbleiben feste Lebensmittel länger im Magen. Eine fein pürierte Gemüsesuppe verlässt den Magen beispielsweise deutlich rascher als ein Eintopf mit nur grob zerkleinertem Gemüse. In der Magenwand befinden sich Nervenenden, die der Mediziner als Sättigungsrezeptoren bezeichnet. Es sind Dehnungsrezeptoren, die dem Hunger-Sättigungs-Zentrum ein Signal weiterleiten, das besagt: »Magen gefüllt, satt, keine weitere Nahrungsaufnahme nötig!« Je länger der Magen gefüllt ist, desto länger hält der Reiz an, und der Körper verlangt nicht nach einer erneuten Nahrungsaufnahme. Nachhaltig sättigende Speisen sind beispielsweise grobe Rohkostsalate, körniges Vollkornbrot, Frischobst mit Schale, bissfest gegartes Gemüse, Getreideflocken und Pellkartoffeln.

Achtung:
unterschiedliche Glyx-Werte

Als Bezugsgröße wird in manchen Tabellen Traubenzucker (Glukose), in anderen Standardwerken Weißbrot verwendet. So kommt es für dieselben Lebensmittel in verschiedenen Tabellen zu abweichenden Werten.

Äpfel enthalten in großen Mengen den Ballaststoff Pektin, der im Magen viel Wasser bindet und auf diese Weise lange satt macht.

Viskosität

Die Viskosität ist ein Maß für die Fließfähigkeit einer Flüssigkeit. Ist die Viskosität groß, ist die Flüssigkeit eher dickflüssig, je niedriger die Viskosität ist, desto dünnflüssiger ist das Fluid. Speisen und Getränke mit hoher Viskosität verbleiben länger im Magen und fördern so eher die Sättigung als wässrig-dünne Speisen, die den Magen sehr schnell wieder verlassen. Mit wasserlöslichen Ballaststoffen können Sie die Viskosität von Speisen und Getränken verändern. Versuchen Sie doch einmal, eine Suppe, ein Milchgetränk oder einen Joghurt mit etwas Pektin, Guarkern- oder Johannisbrotkernmehl anzudicken. Ohne zusätzliche Kalorien, jedoch mit einer Extraportion satt machender Ballaststoffe binden Sie die Suppe und sorgen so dafür, dass die Mahlzeit länger im Magen bleibt, die Sättigungsrezeptoren stimuliert werden und ihr Sättigungsmechanismus auf »satt« umgeschaltet bleibt.

Niedrige Energiedichte

Lebensmittel mit einer niedrigen Energiedichte enthalten wenige Kalorien pro 100 Gramm. Mit diesen Lebensmitteln erreichen Sie problemlos eine kalorienarme Sättigung. Ein großer, bunter Frischkostteller mit Blattsalaten, Gurken, Tomaten, Radieschen und Spargel enthält nur etwa 40 Kilokalorien. Klar, dass Ihr Magen nach dem Salat gut gefüllt ist, die Sättigungsrezeptoren stimuliert werden und der Hunger-Sättigungs-Mechanismus erst einmal Ruhe gibt. Die gleiche Menge Kilokalorien »gönnen« Sie Ihrem Körper auch mit etwa fünf Mandeln, einer halben Marzipanpraline oder einem Teelöffel Mayonnaise. Der Magen jedoch ist nur zu einem kleinen Teil gefüllt, und Ihr Körper verlangt sofort nach mehr.

Eine ausreichende Sättigung hängt unmittelbar davon ab, wie voll und ausgedehnt der Magen ist, die Menge der Kilokalorien spielt dabei eine untergeordnete Rolle. Füllen Sie Ihren Magen also vorwiegend mit Lebensmitteln, die eine niedrige Energiedichte aufweisen.

Eine niedrige Energiedichte ist unmittelbar abhängig vom Wassergehalt. Lebensmittel, die viel Wasser enthalten, sind für eine Kalorienkiller-Ernährung besonders praktisch, denn Wasser hat keine Kalorien. Gurken, Blattsalate, Tomaten, Champignons, Spargel, Kürbis, Rhabarber, Radieschen, Rettich und Papaya gehören zu den Lebensmitteln, die eine besonders niedrige Energiedichte aufweisen. Umge-

kehrt bedeutet das gleichzeitig, dass Lebensmittel mit einem hohen Fettanteil eine sehr große Energiedichte aufweisen. Fett ist mit neun Kilokalorien pro Gramm der energiereichste Nährstoff. Ein Gramm Protein oder Kohlenhydrate enthält dagegen nur rund vier Kilokalorien. Eine ausführliche Tabelle mit Lebensmitteln, die eine niedrige bzw. sehr hohe Energiedichte aufweisen, finden Sie im Anhang des Buches auf S. 130 f.

Wasser

Wasser ist in vielfacher Hinsicht einer der effektivsten Kalorienkiller. Einerseits ist Wasser kalorienfrei. Damit macht es auch Lebensmittel, die in erster Linie aus Wasser bestehen, zu Kalorienkillern. Doch das ist nicht alles: Wasser hat neben diesem indirekten Mechanismus auch eine direkte Wirkung als Kalorienkiller: Berliner Wissenschaftler konnten vor einiger Zeit nachweisen, dass Wasser wirklich schlank macht, indem es den Stoffwechsel ankurbelt. Bei Probanden, die täglich zwei Liter kaltes Wasser tranken, konnten die Experten einen zusätzlichen täglichen Energieverbrauch von etwa 100 Kilokalorien nachweisen. Machen Sie sich diesen Effekt zunutze, auch wenn Sie ein zusätzlicher Verbrauch von 100 Kilokalorien zunächst nicht beeindruckt. Wenn Sie diese »Trink-Kur« konsequent durchhalten, bedeutet das einen zusätzlichen Kalorienverbrauch von über 36.000 Kilokalorien im Jahr. Damit könnten Sie gute fünf Kilogramm Fettgewebe abbauen. Trinken Sie kaltes (Mineral-)Wasser vor jeder Mahlzeit.

Das optimale Kalorienkiller-Mineralwasser ...

... enthält Kohlensäure, die die Sättigungs-rezeptoren aktiviert und damit satt macht.

... enthält Mineralstoffe wie Kalzium und Magnesium, die beim Abnehmen helfen.

... ist kalt, damit der Stoffwechsel ange-heizt wird.

L-Carnitin

L-Carnitin spielt eine wichtige Rolle bei einem reibungslosen Fettstoffwechsel. Für die Fettverbrennung im Körper sind die Mitochondrien zuständig, die auch als »Kraftwerke« der Zellen bezeichnet werden. L-Carnitin sorgt dafür, dass die Fettsäuren in die Mitochondrien gelangen. L-Carnitin heftet sich dabei an die Fettsäuren an und schleust diese durch die Zellwand der Mitochondrien. Liegt ein Mangel vor, so werden weniger Fettsäuren in die Mitochondrien transportiert, und der Körper kann weniger Fett in Energie umsetzen. L-Carnitin kann vom Körper selbst produziert werden. Dabei werden als Co-Faktoren die Vitamine C, B_6 und Niacin sowie das Spurenelement Eisen benötigt. L-Carnitin wird aber auch aus der Nahrung in Form der essenziellen Aminosäuren Methionin und Lysin aufgenommen. Diese Aminosäuren bilden im Körper eine gemeinsame Eiweißverbindung: L-Carnitin.

Gute L-Carnitin-Lieferanten sind Lamm- und Schaffleisch, aber auch Rind- und Schweine-fleisch enthalten nennenswerte Mengen. Studien zufolge wirkt L-Carnitin am besten im Zusammenspiel mit einer Veränderung der Ernährungsgewohnheiten und einer Erhöhung der körperlichen Aktivität. Zur Ergänzung einer Reduktionskost und eines begleitenden Bewegungsprogramms ist es hilfreich, die natürliche Zufuhr durch Nahrungsergänzungsmittel mit einer Dosis von 1000 bis 3000 Milligramm L-Carnitin aufzustocken. Das fördert den Fettabbau, hemmt die Insulinresistenz, stärkt das Herz, beugt Muskelkater vor und fördert das Immunsystem. Entsprechende Präparate erhalten Sie rezeptfrei in Apotheken und Drogerien.

Konjugierte Linolsäure (CLA)

Hinter der Abkürzung CLA verbirgt sich eine mehrfach ungesättigte Fettsäure, die der Mensch mit seiner täglichen Ernährung über Fleisch und Milchprodukte zu sich nimmt. Der konjugierten Linolsäure werden viele positive Wirkungen nachgesagt. CLA sollen die gespeicherte Fettmenge verringern, den Fettstoffwechsel beschleunigen und die Fettspaltung in den Zellen fördern. Dadurch soll es in der Lage sein, das Verhältnis von Fettmasse zu Muskulatur zugunsten der Muskelmasse zu verschieben. Als Folge der größeren fettfreien Körpermasse wird der Ruhe-Energieumsatz des Körpers gesteigert, und es kann durch diesen Effekt zu einem höheren Energieverbrauch kommen. Inwieweit diese Thesen zutreffen, muss durch weitere Studien gesichert werden.

Die Kalorienkiller-Top-Ten-Liste

Hier finden Sie die »Hitliste« der Kalorienkiller. Sie sollten jeden Tag eine möglichst große Anzahl dieser Kalorienkiller in Ihren Speiseplan einbauen. So kann beim Erreichen des Wunschgewichts nichts schiefgehen. Orientieren Sie sich an den Wochenplänen (siehe Seite 34 ff.), oder wählen Sie ganz nach Geschmack und Vorliebe einzelne Rezepte für Frühstück, Mittag- und Abendessen aus.

Proteine

Proteine machen satt und sind für den Aufbau der Zellen verantwortlich. Damit während einer Gewichtsreduktion keine Muskelmasse abgebaut wird, muss der Körper mit ausreichenden Mengen an Protein versorgt werden. Harzer und Hüttenkäse, Magerquark, Hülsenfrüchte, fettarmes Fleisch und Fisch sorgen für eine ausreichende Versorgung.

Niedriger Glyx

Kohlenhydrathaltige Lebensmittel und Speisen mit einem niedrigen glykämischen Index lassen den Blutzucker nur langsam ansteigen, fördern dabei jedoch die Sättigung und beugen Heißhungerattacken vor.

Ballaststoffe

Ballaststoffe sind unverdauliche Kohlenhydrate. Sie quellen im Magen mit Flüssigkeit auf und machen nachhaltig satt. Sie sorgen für einen gemäßigten Blutzuckeranstieg nach einer Mahlzeit. Leinsamen, Kleie, Vollkornprodukte und Hülsenfrüchte führen die Hitliste der natürlichen Ballaststofflieferanten an.

Capsaicin

Cayennepfeffer, Tabasco und Co. lösen auf der Zunge einen Schärfereiz aus und die Thermogenese (Wärmebildung) im Körper wird ausgelöst.

Niedrige Energiedichte

Lebensmittel mit einer niedrigen Energiedichte enthalten viel Wasser und wenige Kalorien pro 100 Gramm. Mit Blattsalaten, Gurke, Tomaten, Spargel, Radieschen und Papaya erreichen Sie problemlos eine kalorienarme Sättigung. Die Dehnungsrezeptoren im Magen werden stimuliert und der Hunger-Sättigungs-Mechanismus gibt erst einmal Ruhe.

Mineralwasser

Wasser ist zum einen kalorienfrei, zum anderen kurbelt es (vor allem kalt genossen) den Stoffwechsel an. Sprudelndes Mineralwasser bietet als zusätzliches Plus Kalzium und Magnesium, die ebenfalls Kalorienkiller-Qualitäten zeigen, und Kohlensäure, die die Sättigungsrezeptoren positiv beeinflusst.

Aminosäuren

Die kleinsten Bausteine der Proteine werden Aminosäuren genannt. Sie fördern die Fettverbrennung und bremsen den Appetit. Auch der Hunger-Sättigungs-Mechanismus wird indirekt durch Aminosäuren beeinflusst.

Harzer Käse

Harzer Käse und alle anderen Sorten Sauermilchkäse enthalten große Mengen an hochwertigen Proteinen. Sie sind daher auch beste Lieferanten für Aminosäuren und Kalzium. Ein weiteres Plus: Sauermilchkäse enthält unter einem Gramm Fett pro 100 Gramm.

Koffein

Der Genuss von Koffein aus Kaffee und Espresso stimuliert die Fettverbrennung, bei der die Nahrungsfette in ihre Einzelteile gespalten werden. Außerdem werden Blutdruck und Wärmeproduktion des Körpers angeregt.

L-Carnitin

Bei einem reibungslos funktionierenden Fettstoffwechsel ist L-Carnitin für den Transport der Fettsäuren in die Mitochondrien zuständig, in denen sie in Energie umgewandelt werden. Besonders gute Quellen für L-Carnitin sind Lamm- und Schafffleisch.

MCT-Fette

MCT-Fette (mittelkettige Triglyzeride) sind Fette mit einer speziellen Molekülstruktur und Löslichkeit. Sie sind wegen ihres besonderen Verhaltens im menschlichen Körper schon lange bekannt und werden bei verschiedenen Erkrankungen eingesetzt. Seit kurzem gibt es jedoch auch Erkenntnisse, die für Gewichtsbewusste von Bedeutung sind. MCT-Fette wirken als Kalorienkiller durch ihren Kaloriengehalt, der um zehn Prozent geringer ist als der von anderen Nahrungsfetten. Zudem steigern MCT-Fette die Thermogenese (Wärmebildung) und damit den Energieumsatz des Körpers. Wer Butter, Margarine und Öl durch MCT-Produkte, die im Reformhaus und in der Apotheke erhältlich sind, austauscht und nicht mehr als 40 bis 60 Gramm davon pro Tag verbraucht, nimmt besser ab, beugt dem Jo-Jo-Effekt vor und ist besser gesättigt.

Capsaicin & andere Scharfmacher

Scharfe Gewürze heizen dem Körper so richtig ein, führen zu einer besseren Durchblutung und verbrennen dabei jede Menge Kalorien.

Die scharf schmeckenden Stoffe in Chili und anderen Lebensmitteln führen zu Wärmebildung und damit zu Kalorienverbrennung im Körper.

Verantwortlich für diese Kalorienkiller-Effekte ist beispielsweise das Capsaicin, das in Paprikafrüchten vorkommt. Durch den Schärfereiz auf der Zunge wird die Thermogenese, also die Wärmebildung, im Körper ausgelöst und dadurch Energie verbraucht. Scharfmacher wie Cayennepfeffer, Sambal oelek, Chilischoten und Tabasco sind also beste Kalorienkiller, die Sie zu jeder Mahlzeit einsetzen können. Trinken Sie zum Beispiel vor der Mahlzeit einen Gemüsesaft mit Tabasco – Ballaststoffe, stoffwechselaktive Vitalstoffe und Capsaicin sorgen für eine erste Sättigung und heizen Ihrem Körper schon mal gehörig ein. Bei der eigentlichen Mahlzeit sind Sie dadurch schneller satt. Im Reagenzglas konnten taiwanesische Wissenschaftler einen weiteren Kalorienkiller-Faktor von Capsaicin nachweisen. In bestimmten Zellen, die sich zu Fettzellen entwickeln können, führte die Substanz Capsaicin dazu, dass sich knapp ein Drittel dieser Zellen nicht weiterentwickeln konnte, sondern der programmierte Zelltod (Apoptose) ausgelöst wurde. Im Laborversuch reichten bereits Capsaicin-Konzentrationen aus, wie sie auch im Magen nach dem Verzehr eines Chiligerichts zu finden sind, dennoch muss in weiteren Versuchen gesichert werden, ob der Verzehr von Chilischoten für einen ähnlichen Effekt bei der Bekämpfung der Fettzellen ausreicht.

Ingwer

Asiaten schätzen seit jeher die Vorteile der scharfen Knolle. Frische Ingwerwurzel enthält einen großen Anteil ätherischer Öle und die »Scharfmacher« Gingerol und Schoagol, die ähnlich wirken wie Capsaicine in Paprikafrüchten. Kurbeln Sie die Wärmeproduktion Ihres Körpers mit Ingwer an – es gibt die frische Asia-Knolle mittlerweile in fast jedem Supermarkt. Aber Ingwer kann noch mehr: Durch die Steigerung der Speichel- und Magensaftsekretion fördert Ingwer die Verdauung und eine gesunde Darmfunktion.

Vanille

Vanille greift nicht direkt in Stoffwechselvorgänge ein und ist dennoch ein sehr wirksamer Kalorienkiller. Der Duft der aromatischen Schote reduziert den Appetit auf Süßigkeiten. Nicht umsonst enthalten so viele Diätprodukte Vanillearoma. Dabei lässt sich die Nase viel lieber von frischer Vanille umschmeicheln als von den synthetisch hergestellten Aromen. Versuchen Sie doch einmal, Ihren Appetit auf Süßigkeiten mit einer Tasse Vanillemilchkaffee loszuwerden. Bewährt haben sich auch Duftlämpchen mit Vanilleöl.

Kalorienkiller-Tee

Schneiden Sie eine ausgekratzte Vanilleschote in kleine Stückchen, und legen Sie sie zusammen mit Schwarztee-Blättern in ein Schraubdeckelglas. Nach 2 bis 3 Tagen können Sie die erste Tasse köstlichen Vanilletee genießen.

Zimt

Das aromatische Gewürz ist vielen nur von der Weihnachtsbäckerei bekannt. Zimt enthält sekundäre Pflanzenstoffe, die den Blutzuckerspiegel senken und für eine optimale Insulinwirkung sorgen. Es bringt den erlahmten Stoffwechsel wieder in Schwung und sorgt dadurch für eine reibungslose Körperfettreduzierung während des Gewichtsverlusts. Schon ein halber Teelöffel Zimt pro Tag entfaltet die gewünschte Wirkung. Verwenden Sie am besten den milden Ceylon-Zimt, und würzen Sie damit nicht nur Süßspeisen, Getränke und Kuchen. Auch in der deftigen Küche bereichert eine Prise Zimt viele Mahlzeiten.

Koffein

Koffein stimuliert das Zentralnervensystem und steigert die Lipolyse (Fettverbrennung), bei der das Nahrungsfett in seine Einzelteile gespalten wird. Die freien Fettsäuren kann der Körper dann durch Verbrennung zur Energiegewinnung nutzen. Außerdem steigern Koffein und andere Stoffe im Kaffee die Wärmeproduktion und den Blutdruck. Beste Wirkungen von Koffein werden bei einer ausgewogenen Kalorienkiller-Ernährung und viel Bewegung erreicht. Genießen Sie nach jedem Essen einen starken Kaffee oder Espresso. Bevorzugen Sie Cappuccino oder Milchkaffee, verwenden Sie Magermilch oder fettarme Kondensmilch, um Ihrem Kaffee den richtigen Farbton zu verleihen.

Kaffee als »Flüssigkeitsräuber«?

Gegen den Genuss von bis zu vier Tassen Kaffee pro Tag ist nichts einzuwenden. Anderslautende, ältere Empfehlungen sind von Ernährungsexperten zurückgenommen worden.

Probiotika

Bisher waren die gesunden Bakterien, die unsere Darmflora positiv beeinflussen, eher dafür bekannt, dass sie die Abwehrkräfte steigern. Aktuelle Studien zeigen jedoch, dass auch Übergewichtige von diesen Mikroorganismen profitieren können. Damit Probiotika im Darm die richtige Wirkung entfalten können, sollten Sie sie zweimal am Tag genießen. Schon mit einem probiotischen Joghurt zum Müsli am Morgen und einer Sauerkraut-Rohkost am Abend haben Sie die Weichen für die darmgesunde Kalorienkiller-Wirkung gestellt. Brottrunk, Kefir und angereicherte Produkte (z. B. Trinkjoghurt, Quark) sind ebenfalls gute Probiotika-Quellen. Als Nahrungsergänzungsmittel erhalten Sie Probiotika rezeptfrei in Pulver-, Kapsel- oder Tablettenform.

Sauerkraut

Für alle Fans der kalorienarmen kalten und warmen Küche ist Sauerkraut ein absolutes »Muss«. Es ist vielseitig als Beilage und Rohkost, in Suppen, Eintöpfen und Aufläufen einzusetzen. Sauerkraut enthält reichliche Mengen an Ballaststoffen und sättigt daher sehr nachhaltig. Aber Sauerkraut bietet noch mehr: 100 Gramm der geschmackvollen Spezialität enthalten nicht einmal 20 Kilokalorien. Damit bietet Sauerkraut eine ähnlich niedrige Energiedichte wie Gurken, aber viel mehr Geschmack. Abgerundet wird das positive Bild des »Super-Krauts« durch ansehnliche Mengen an Vitamin C und B-Vitaminen. Im Winterhalbjahr wählen Sie am besten frisches Fasssauerkraut (z. B. aus dem Reformhaus), und Sie erhalten zusätzlich noch eine gute Portion an probiotisch wirksamen Milchsäurebakterien.

Vitamin C

Mit Hilfe von Vitamin C (Ascorbinsäure) produziert der Körper das Hormon Noradrenalin. Es »verheizt« als wirksamer Kalorienkiller in rascher Zeit Fett. Noradrenalin wird ausgeschüttet, wenn wir schnelle Energie benötigen, und die stammt dann hoffentlich aus den unerwünschten Fettzellen. Das kann nur funktionieren, wenn der Körper ausreichend Noradrenalin produzieren kann. Neben einer ausreichenden Proteinversorgung ist Vitamin C ein entscheidender Faktor für die Noradrenalin-Produktion. Vitamin C ist reichlich in vielen Obst- und Gemüsesorten vorhanden. Es handelt sich allerdings um ein sehr licht- und hitzeempfindliches Vitamin. Außerdem ist es wasserlöslich. Lange gelagerte, gekochte und verarbeitete Lebensmittel enthalten daher sehr viel weniger Vitamin C als die frischen Produkte. Während

einer Gewichtsreduktion kann daher die Einnahme von Nahrungsergänzungsmitteln mit Vitamin C sinnvoll sein.

Die meisten Lebewesen können Vitamin C über den Glukosestoffwechsel selbst produzieren. Da die Spezies »Mensch« zu den wenigen Ausnahmen gehört und das Vitamin im Körper kaum gespeichert werden kann, müssen täglich mindestens 75 Milligramm Ascorbinsäure mit der Nahrung aufgenommen werden.

Jod

Der Kalorienbedarf des Körpers wird durch die in der Schilddrüse gebildeten Hormone erhöht. Sie beeinflussen die Wärmeproduktion und den Stoffwechsel des Körpers. Eine ausreichende Hormonmenge wird in der Schilddrüse nur dann gebildet, wenn genügend Jod vorhanden ist. Bei einer Unterversorgung mit Jod kommt es zunächst zu einer Störung des Wohlbefindens, zu Antriebs- und Konzentrationsschwäche. Äußeres Merkmal ist häufig eine vergrößerte Schilddrüse – auch »Kropf« genannt. Durch die Ernährungsgewohnheiten der Deutschen herrscht in weiten Teilen der Bevölkerung Jodmangel. Ernährungsfachleute empfehlen daher die Verwendung von jodiertem Speisesalz, um eine ausreichende Versorgung mit dem Spurenelement Jod sicherzustellen. Sie finden es in jedem Supermarkt. Seefische, Muscheln, Krabben, Meeresfrüchte und Algen sind natürliche Quellen für eine gute Jodversorgung.

Magnesium

Magnesium ist im Körper an über 300 Enzymreaktionen beteiligt und allein damit schon für eine optimale Stoffwechselaktivität unerlässlich. Fettverbrennung kann nur dann stattfinden, wenn die Fettsäuren durch Enzyme aktiviert werden. Dabei ist die Anwesenheit von Magnesium als Co-Faktor unerlässlich. Gute Magnesiumquellen sind Vollkornprodukte, Kartoffeln, Gemüse, Milch und Milchprodukte, Fisch, Geflügel und Sojabohnen, Beerenobst, Bananen und Orangen.

Bei sportlichen Anstrengungen verliert Ihr Körper durch das Schwitzen auch Magnesium. Löschen Sie Ihren Durst daher mit einem Mineralwasser, das einen Magnesiumgehalt von über 50 Milligramm pro Liter aufweist.

Pyruvat

Pyruvat ist ein Stoffwechselprodukt, das beim Abbau von Zucker entsteht. Es ist aber auch in etlichen Lebensmitteln wie Hülsenfrüchten, Vollkornbrot, Geflügel, Äpfeln und Käse enthalten. Pyruvat erhöht den Abbau von Fett und bewirkt dadurch eine Gewichtsabnahme. Amerikanische Testreihen konnten nachweisen, dass Probanden, die sich im Rahmen einer Testreihe kalorienbewusst und pyruvathaltig ernährten, innerhalb von sechs Wochen durchschnittlich 2,2 Kilogramm Körpergewicht verloren.

Die Kalorienkiller-Wirkung des Pyruvats wird vermutlich durch eine Steigerung der Thermogenese erzielt. Als weiterer Vorteil gilt: Der Abbau von körpereigenem Eiweiß während einer Gewichtsreduktion soll durch Pyruvat vermindert werden.

Lipamin

Lipamine sind Kombinationen aus Lipiden und Aminoalkoholen. Sie gehören zur Gruppe der Phospholipide, die in jeder Zelle des Körpers vorhanden sind. Lecithin ist das wohl bekannteste in der Gruppe der Lipamine. Es senkt die Blutfettwerte und macht uns weniger stressempfindlich. Damit wirkt es auch als potenter Kalorien- und Fettkiller. Bei Stress, Krankheit oder während einer Gewichtsreduktion kann eine zusätzliche Aufnahme von Lipaminen sinnvoll sein.

Chrom

Chrom ist ein wesentlicher Bestandteil des Glukosetoleranzfaktors, dadurch hat Chrom direkten Einfluss auf die Wirksamkeit des Insulins und den Blutzuckerspiegel. Chrom ist in vielen Lebensmitteln, allerdings nur in geringen Mengen, vorhanden. Chromhaltige Lebensmittel sind beispielsweise Fleischprodukte, vor allem Innereien und Muskelfleisch. Aber auch Bierhefe, Hülsenfrüchte, Samen, Kleie und Vollkornprodukte enthalten Chrom. Eine Nahrungsergänzung während einer Gewichtsreduktion ist sinnvoll.

Cholin

Cholin ist ein Bestandteil von Lecithin und wird zum Teil mit der Nahrung zugeführt. Der Körper ist allerdings auch in der Lage, Cholin selbst zu produzieren. Cholin hat keine direkte Wirkung auf die Fettverbrennung, sondern wirkt einer Fettablagerung in der Leber entgegen. Gute Cholinquellen sind Leber, Eier und Sojaprodukte. Bei einer ausgewogenen, vollwertigen Ernährung braucht der Körper keine zusätzlichen Cholingaben. Während einer Gewichtsreduzierung kann eine Nahrungsergänzung jedoch sinnvoll sein.

Nahrungsergänzungsmittel

Neben dem Supermarkt, der viele natürliche Kalorienkiller im Kühlregal sowie in den Obst- und Gemüseauslagen für Sie bereithält, gibt es auch in Apotheken, Reformhäusern und Drogerien Kalorienkiller, die Ihnen beim Abnehmen helfen können. In jedem Fall sollten Sie Ihre Kost durch ein Multivitamin-Mineralstoff-Präparat ergänzen. Diese Produkte erhalten Sie preiswert in jeder Apotheke, verwenden Sie sie nach Packungsanleitung. Ideal sind auch natürliche Vitalstoffkonzentrate wie Bierhefe oder Gemüse- und Obstkonzentrate. Eine ausreichende Versorgung mit Vitaminen und Mineralstoffen ist unerlässlich, um den Stoffwechsel optimal ablaufen zu lassen. Ideal ist es natürlich, den Bedarf durch vollwertige, ausgewogene Ernährung zu decken, aber wenn das – z. B. wegen einer Gewichtsreduktion, Allergien oder Unverträglichkeiten – nicht möglich ist, bieten

Kalorienfalle Alkohol

Alkohol ist nach dem Nahrungsfett der energiereichste Nährstoff. Ein Gramm Alkohol enthält mit sieben Kilokalorien fast doppelt so viel Energie wie ein Gramm Protein oder Kohlenhydrate mit je vier Kilokalorien und fast so viel Energie wie Fett, das es auf neun Kilokalorien pro Gramm bringt. Der Körper ist bestrebt, Alkohol noch vor dem Fett abzubauen, so dass sich bereits ein mäßiger Alkoholkonsum negativ auf den Fettstoffwechsel auswirkt. Süße alkoholische Getränke wie Liköre oder Mixgetränke aus Limonaden und Alkohol enthalten außerdem reichlich Zucker.

Nahrungsergänzungen die beste Möglichkeit, Mangelzuständen vorzubeugen. Nahrungsergänzungsmittel sehen Arzneimitteln zum Verwechseln ähnlich, werden aber rechtlich den Lebensmitteln zugeordnet, denn sie enthalten dieselben Inhaltsstoffe (z. B. Vitamine und Mineralstoffe) wie diese – nur in dosierter, also in abgemessener Form. Im Rahmen einer Kalorienkiller-Ernährung kann die Einnahme von Präparaten, die Vitamin C, Magnesium, Kalzium, Chrom, Cholin, L-Carnitin und Lipamin enthalten, sinnvoll sein. Dies gilt umso mehr, wenn Sie die Nahrungsenergie reduzieren. Jodergänzungen sind nur dann anzuraten, wenn Sie kein jodiertes Speisesalz verwenden. Geben Sie Ihrem Stoffwechsel, was er braucht: Vitalstoffe in ausreichender Menge.

Kalorienkiller außerhalb der Küche

Veränderungen sind häufig kompliziert, sie einzuhalten erfordert eine große Willensanstrengung. Aber der Weg ist das Ziel. Bauen Sie ab heute Kalorienkiller-Verhaltensmuster in Ihren Tagesablauf ein, und denken Sie an die schlanke Linie und die Gesundheit, die Sie dadurch erlangen. Es lohnt sich: Der Erfolg wird Ihnen recht geben.

Ständig in Bewegung

Bewegung ist einer der effektivsten Kalorienkiller. Wer sich ausreichend bewegt, hat kaum eine Chance, Übergewicht zu bekommen. Sind Sie in Bewegung, wird nicht nur Fett verbrannt, Ihr Körper kann auch Muskeln aufbauen, die wiederum Energie verbrauchen. Viele Menschen haben einen Arbeitsplatz, an dem stundenlanges Sitzen unerlässlich ist. Sie sollten versuchen, wenigstens vor und nach der Arbeit in Bewegung zu sein. Das bedeutet nun nicht, dass Sie jeden Tag ins Fitness-Center gehen sollen, vielmehr ist es wichtig, mehr Bewegung in den Alltag zu bringen. Denken Sie an Ihre Urgroßeltern: Da wurde die Wäsche mit der Hand gewaschen, wurden Teppiche ausgeklopft und wurde Brot selbst gebacken. Rolltreppen und Fahrstühle gab es nicht. Die meisten Wege wurden zu Fuß erledigt, wer hatte schon ein Auto? Versuchen Sie es einfach mal: Benutzen sie die Treppen, statt Rolltreppe oder Aufzug zu benutzen, verwenden Sie das Fahrrad für den Weg zur Arbeit, oder gehen Sie öfter mal zu Fuß zum Einkaufen. Wenn Sie längere Strecken mit öffentlichen Verkehrsmitteln zurücklegen, könnten Sie eventuell eine Station laufen, bevor Sie Bus oder Bahn besteigen. Bringen Sie Ihr Auto selbst auf Hochglanz, statt es einmal durch die Waschstraße zu fahren. Nutzen Sie die Bewegung im Alltag als einen effektiven Kalorienkiller, der Sie keinen Cent kostet, aber enorm effektiv wirkt.

So viele Kalorien verbrauchen Sie in zehn Minuten

bügeln	18 kcal
aufräumen	30 kcal
Rad fahren (gemütlich)	35 kcal
Betten beziehen	35 kcal
spazieren gehen (gemütlich)	35 kcal
Fenster putzen	40 kcal
leichte Gymnastik	40 kcal
Auto waschen	55 kcal
Gartenarbeit	60 kcal
spazieren gehen (zügig)	60 kcal
Rad fahren (zügig)	65 kcal
Treppen steigen	130 kcal

Kleine Maßnahmen – große Kalorienkiller-Wirkung

Jede Minute, die Sie nicht auf dem Sofa sitzen, sondern sich bewegen, zählt. Lehnen Sie sich also nicht zurück und denken: »Die paar Kalorien lohnen sich ja doch nicht!« Rechnen Sie die verbrauchten Kalorien auf ein Jahr hoch. Wenn Sie also beispielsweise ab sofort jeden zweiten Tag 30 Minuten gemütlich Fahrrad fahren, verbrauchen Sie innerhalb eines Jahres knapp 20.000 Kilokalorien zusätzlich. Das ist der Energiegehalt von gut 2,5 Kilogramm Fettgewebe. Und wenn Sie sogar jeden Tag zusätzlich zur bisherigen Aktivität 30 Minuten zügig Rad fahren, können Sie fast zehn Kilogramm reines Fettgewebe abnehmen.

Bewegung reguliert den Hunger

Auch regelmäßige Bewegung zählt zu den Kalorienkillern – jede Minute ist effektiv für Ihre Figur.

Sobald Sie Ihrem Körper ausreichend Bewegung bieten, gerät der Fettstoffwechsel wieder ins Gleichgewicht. Die Fettzellen verlangen nicht ununterbrochen nach Befüllung, die Hormon- und die Botenstoffproduktion erreichen wieder Normalmaß und ein übermäßiger Hunger bleibt, trotz der zusätzlichen Muskelleistung, aus. Bewegung wirkt also in doppelter Hinsicht als Kalorienkiller: Zum einen verbraucht Ihr Körper zusätzliche Energie, zum anderen wird der Hunger nicht etwa mehr, sondern nimmt vielmehr ab. Um einen Gewichtsverlust durch Bewegung zu unterstützen, empfehlen Experten einen wöchentlichen Energieverbrauch von 2500 Kilokalorien durch zusätzliche Alltagsaktivitäten und Sport. Um dieses Ziel zu erreichen, sollten Sie sich täglich 30 bis 45 Minuten bewegen. Dabei ist es ein Irrglaube, dass erst nach 30 Minuten sportlicher Aktivität die Fettverbrennung einsetzt. Der Fettabbau beginnt sofort. Jede Minute Sport und Alltagsbewegung ist effektiv für Ihre Figur. Sagen Sie den Fettzellen den Kampf an, und setzen Sie auf die Wirkung von Kalorienkillern.

Muskeln machen schlank

Muskeln verbrennen Fett, und je mehr Muskeln Sie haben, desto mehr Fett wird verbrannt. Mit jeder Aktivität bringen Sie den durch die Fettzellhormone und Botenstoffe aus dem Gleichgewicht geratenen Fettstoffwechsel wieder ins Lot. Außerdem wird das Verhältnis von Muskel- zu Fettmasse in Ihrem Körper zugunsten der Muskeln verschoben. Sie werden sehen: Wenn Sie sich erst einmal »auf den Weg gemacht haben«, fällt es Ihnen überhaupt nicht mehr schwer, den Alltag bewegt zu meistern. Im Gegenteil. Schon nach kurzer Zeit fühlen Sie sich ohne Bewegung nicht mehr wohl und erwarten sehnsüchtig die nächste Möglichkeit, Ihre Muskeln spielen zu lassen. Quälen Sie sich nicht mit Schwimmen, wenn Ihnen das »nasse Element« nicht zusagt, gehen Sie nicht aufs Laufband, wenn die Atmosphäre im Sportstudio Ihnen nicht gefällt, sondern setzen Sie auf einen Mix aus Alltagsbewegung und Sport, der Ihren Vorlieben und Neigungen entspricht.

Vergessen Sie bei Ihren Sport-Einheiten die Pausen nicht. Sie fördern den Kalorienkiller-Effekt der Bewegung. Quälen Sie sich nicht über lange Zeit mit einer Ausdauersportart, bis Sie kaum noch weitermachen können, eine Pause ist sinnvoll. Japanische Experten ließen mehrere Probanden Rad fahren. Eine Gruppe radelte 60 Minuten ohne Pause, die anderen Teilnehmer trainierten zweimal 30 Minuten mit einer 15-minütigen Unterbrechung. Anhand der gewonnenen Blutwerte konnten die Wissenschaftler eindeutig belegen, dass die Fettverbrennung bei der zweiten Gruppe deutlich effizienter war.

Mit Entspannung zum Wunschgewicht

Aber nicht nur in Lebensmitteln und Sport stecken schlank machende Effekte. Wissenschaftlichen Untersuchungen zufolge hemmt autogenes Training die Ausschüttung von Hormonen, die dick und hungrig machen. Ein internationales Forscherteam hat die Zusammenhänge von Übergewicht und Stress aufgedeckt. Ursache ist das »Neuropeptid Y«. Dieser Stoff, den der Körper in hektischen Situationen in größeren Mengen ausschüttet, heftet sich demnach an bestimmte Rezeptoren der Fettzellen und regt diese zu Vermehrung und Wachstum an. Erlernen Sie Entspannungstechniken wie autogenes Training, Yoga, Atemspannung oder progressive Muskelentspannung, und sorgen Sie dadurch für einen entspannten Weg zum Wunschgewicht. Viele Krankenkassen bieten ihren Mitgliedern kostenlose Kurse oder einen Zuschuss zu Volkshochschul- und Sportverein-Kursen an.

Sportarten für Ungeübte

Spazieren gehen, Walking, Rad fahren, Gymnastik oder Schwimmen sind Sportarten, die auch für untrainierte Menschen geeignet sind.

Schlafen Sie sich schlank

Nicht nur Ernährung und Sport sind maßgeblich am Erreichen und Halten des Wohlfühlgewichts beteiligt, auch eine ausreichende Menge Schlaf ist entscheidend. Günstig sind mindestens sieben Stunden Schlaf pro Nacht. Zumindest für Frauen ist nachgewiesen, dass eine lange Schlafdauer das Körpergewicht positiv beeinflusst. Das hat eine US-Studie ergeben. Teilnehmerinnen, die es auf einen Nachtschlaf von mindestens sieben Stunden brachten, wogen schon vor Beginn der Studie durchschnittlich weniger als die Testgruppe, die nur fünf bis sechs Stunden pro Nacht schlief. Dabei aßen die Langschläfer nicht etwa weniger als die Nachteulen. Der Kalorienkiller-Effekt des längeren Nachtschlafs scheint eher darauf zu beruhen, dass nach einer kurzen Nacht der Grundumsatz des Körpers sinkt und es dadurch zu einem geringeren Energieverbrauch des Körpers kommt.

Wie Sie dieses Buch nutzen können

Allein, wenn Sie die vorgestellten Kalorienkiller in Ihre Ernährung einbauen, werden Sie dauerhaft Gewicht verlieren. Effektiver ist es, Alltagsbewegung und Sport in Ihr Tagesprogramm einzubauen.
Um gezielt mehrere Kilogramm Gewicht zu verlieren, können Sie sich an den Wochenplänen (siehe Seite 34 ff.) orientieren. Sie enthalten pro Tag etwa 1000 Kilokalorien und jede Menge Kalorienkiller. Sie sparen etwa 1000 Kilokalorien pro Tag ein und können in einer Woche etwa ein Kilogramm Fettmasse verlieren. Ebenso gut können Sie sich aus den vielen Rezeptvorschlägen diejenigen heraussuchen, die Ihnen besonders gut gefallen, und sich einen individuellen Tagesplan zusammenstellen. Die Mahlzeiten sind dabei beliebig gegeneinander austauschbar, so dass selbst Schichtarbeiter keine Probleme haben, die Kalorienkiller in Ihren Tagesablauf einzubauen. Essen Sie sich dreimal am Tag satt – nicht mehr, aber auch nicht weniger. Vor dem Essen hat sich ein Glas Wasser oder ein Ballaststoff-Drink bewährt, nach dem Essen kurbelt eine Tasse starker Kaffee die Fettverbrennung an. Zwischendurch trinken Sie am besten zwei bis drei Liter Mineralwasser.

1, 2 oder 3 Wochen Diät

Die folgenden drei Wochenpläne sind nur auf den ersten Blick starre Diätpläne. Sie können die Mahlzeitenreihenfolge verändern, die Tages- oder sogar die Wochenpläne austauschen. Wenn Sie also an den Arbeitstagen morgens nur einen schnellen Kaffee trinken, können Sie das Frühstück in der ersten Pause und in der Mittagspause ein »Abendessen« genießen. Das »Mittagessen« bereiten Sie sich dann abends zu. Am Wochenende bereiten Sie dann die Mahlzeiten nach einer eher »klassischen« Reihenfolge zu. Für einen schnellen Erfolg können Sie sich nach allen drei Wochenplänen richten, es ist aber auch möglich, nur eine oder zwei Wochen als Einstieg zu wählen und dann Rezepte aus den einzelnen Kapiteln auszusuchen.

Wochenplan für die 1. Woche

Jeder Tagesplan enthält etwa 1000 Kilokalorien und eine große Menge an Kalorienkillern. So können Sie pro Woche etwa ein Kilogramm reine Fettmasse abnehmen. Möchten Sie etwas langsamer abnehmen, können Sie den Plan nach Ihrem Geschmack erweitern, zum Beispiel mit einem Kalorienkiller-Drink zum Frühstück, einigen Pellkartoffeln oder einer zusätzlichen Gemüseportion zum Mittag- oder Abendessen.

	Frühstück
Montag	*Grapefruit-Apfel-Müsli*
Dienstag	*Erdbeermüsli mit Mandelmilch*
Mittwoch	*Obstsalat mit Walnüssen*
Donnerstag	*Johannisbeeraufstrich,* dazu Vollkornbrötchen
Freitag	*Himbeermüsli mit Apfel-Vanille-Joghurt*
Samstag	*Stachelbeerkonfitüre mit Ingwer,* dazu Vollkornbrot, *Sanddornmilch*
Sonntag	*Knusprige Pancakes mit Fruchtsauce*

Trinken Sie sich schlank

Stellen Sie sich morgens zwei Flaschen Mineralwasser bereit, und trinken Sie regelmäßig davon. Nach jeder Mahlzeit gibt es eine Tasse starken Kaffee oder Espresso.

Mittagessen	Abendessen
Kürbissuppe und *Harzer Soufflé*	*Rucola-Trauben-Salat mit Himbeer-Balsam-Dressing,* dazu Vollkornbrot
Pellkartoffelpfanne, ein Apfel	*Käse-Lauch-Pfanne*
Fleischtomate mit Hüttenkäsefüllung, Apfel-Ingwer-Suppe mit Eischneeklößchen	*Knäckebrot mit Handkäse und Kochkäse, Johannisbeer-Apfel-Salat mit Zimtjoghurt*
Kartoffel-Gemüse-Gratin mit Hackbällchen	*Couscous-Salat*
Kabeljau auf Ratatouille, Espressodickmilch mit Himbeeren	*Harzer Schnitten mit Rohkostsalat*
Kürbis-Käse-Suppe mit frischem Ingwer, dazu Pumpernickel	*Feuriger Kartoffel-Käse-Salat,* dazu Vollkornbrötchen
Tomatencremesuppe, dazu Vollkornbrötchen, *Zwetschgen-Blitzeis*	*Rotkohlsalat Bangkok*

Wochenplan für die 2. Woche

Lassen Sie sich nicht aus der Ruhe bringen, wenn Ihr Tagesablauf ein warmes Mittagessen nicht zulässt, alle Mahlzeiten sind austauschbar. Wählen Sie beispielsweise Vollkornbrot mit einem deftigen Brotaufstrich oder einen Salat aus, und genießen Sie diese Kalorienkiller in der Mittagspause. Eine warme Mahlzeit bereiten Sie sich dann eventuell am Abend zu.

	Frühstück
Montag	*Feigenkonfitüre,* dazu Vollkornbrötchen
Dienstag	*Erdbeerknäckebrot, Zimtkakao*
Mittwoch	*Hagebuttenbrötchen*
Donnerstag	*Grapefruitkonfitüre mit Vanille,* dazu Vollkornbrötchen
Freitag	*Scharfer Kräuterquark,* dazu Vollkornbrot
Samstag	*Bananen-Vanille-Aufstrich,* dazu Vollkornbrot
Sonntag	*Sonntagsfrühstück*

Bewegung

Besonders effektive Gewichtsreduzierung erreichen Sie, wenn Sie die Kalorienzufuhr reduzieren und den Kalorienverbrauch durch sportliche Aktivität steigern.

Mittagessen	Abendessen
Deftige Linsensuppe, dazu Vollkornbrötchen	*Überbackene Polentaschnitten*
Blitz-Brokkolicremesuppe, Gurkengemüse mit Kräuterquark	*Milchreis mit Orangen-Ingwer-Kompott*
Gratinierte Linsen, Herbstliches Lauchgemüse	*Vienenburger Pfannkuchen*
Pellkartoffeln mit Kräuterhüttenkäse, Kohlrabi-Kerbel-Gemüse	*Handkäs mit Musik,* dazu Vollkornbrot, *Rhabarberkompott mit Vanillejoghurt*
Seelachs-Gurken-Pfanne mit kaltem Ingwerjoghurt	*Matjes nach Hausfrauenart,* dazu Pumpernickel
Bunte Tomatensuppe Toskana, dazu Vollkornbrötchen	*Apfel-Linsen-Salat mit Schafskäse,* dazu Knäckebrot
Mediterraner Reissalat, Kräuter-Gurken-Suppe mit Sesam	*Scharfe Pasta*

Wochenplan für die 3. Woche

Gönnen Sie sich beim Essen Zeit. Gerade im hektischen Berufsleben wirkt eine Mittagspause mit einer entspannt genossenen Kalorienkiller-Mahlzeit und einem netten Gespräch unter Kollegen wie ein Mini-Urlaub. Sollten Sie dazu neigen, beim Essen die Fachzeitschrift zu lesen oder E-Mails abzuarbeiten, könnte es sein, dass Sie häufig den Zeitpunkt verpassen, zu dem Ihr Körper Sättigung signalisiert.

	Frühstück
Montag	*Kräuterkochkäse,* dazu Vollkornbrötchen
Dienstag	*Erdbeermüsli mit Mandelmilch*
Mittwoch	*Obstsalat mit Walnüssen*
Donnerstag	*Kartoffel-Senf-Aufstrich,* dazu Vollkornbrötchen
Freitag	*Himbeermüsli mit Apfel-Vanille-Joghurt*
Samstag	*Harzer-Apfel-Häckerle,* dazu Vollkornbrot
Sonntag	*Sonntagsfrühstück*

Kochen für die Familie

Lassen Sie doch auch einmal Ihren Partner und die Kinder in diesem Buch blättern – sicherlich finden Ihre Lieben auch ein neues Lieblingsrezept.

Mittagessen	Abendessen
Pellkartoffelsalat und *Paprika mit Käsefüllung*	*Hähnchenbrustfilet mit Orangen-Dill-Sauce*
Linseneintopf Kreta	*Harzer-Käse-Salat,* dazu Vollkornbrot
Roher Spargelsalat, Frühlingskräutersuppe mit Ziegenfrischkäse	*Hot-Taco-Salat mit scharfem Käsedip, Zimtquark*
Scharfe Rindfleisch-Gemüse-Pfanne mit Pellkartoffeln, eine Banane	*Italienischer Handkäse,* dazu Vollkornbrot
Süßscharfer Duftreis, Seelachs und Fenchel in Senfsauce	*Bunter Fischsalat,* dazu Vollkornbrötchen
Apfel-Kartoffel-Suppe mit Seelachs	*Feuergarnelen,* Gerösteter Maiskolben
Spinat-Apfel-Salat, Indische Kartoffelsuppe	*Asiatischer Auberginensalat,* dazu Vollkornbrötchen

Kalorienkiller-
Rezepte

Wählen Sie nach Ihrem Geschmack Rezepte für herzhafte Pfan-
nengerichte, knackige Salate, deftige Suppen, cremige Desserts
und saftigen Obstkuchen aus. Essen Sie sich dreimal am Tag satt,
und Sie können zusehen, wie die Pfunde schwinden!

Frühstücksideen

Grapefruit-Apfel-Müsli

Für 2 Personen
Zubereitungszeit ca. 20 Minuten
+ Einweichzeit über Nacht
**Kalorienkiller: Ballaststoffe, niedriger Glyx,
Proteine, Probiotika**
Pro Portion ca. 350 kcal

einige Tropfen Rumaroma | 1 EL Rosinen | 2 Grapefruits (500 g) | 2 Äpfel (400 g) | Saft 1/2 Zitrone | Saft 1/2 Mandarine | 125 g Magerquark | 75 g probiotischer Naturjoghurt (0,1 % Fett) | flüssiger Süßstoff | 1/2 Vanilleschote | Zimt | 1 EL Sesamsamen | 30 g kernige Haferflocken | Zitronenmelisseblätter zum Garnieren

1. Am Vorabend das Rumaroma mit etwas warmem Wasser verrühren. Die Rosinen darin über Nacht quellen lassen.
2. Grapefruits pellen, in Spalten teilen und klein schneiden, Äpfel waschen, das Kerngehäuse entfernen und in mundgerechte Stücke schneiden. Mit Zitronen- und Mandarinensaft beträufeln.
3. Quark, Joghurt und 6 Esslöffel Wasser verrühren, mit Süßstoff, Vanillemark und Zimt abschmecken. Die Sesamsamen und die Haferflocken in einer beschichteten Pfanne ohne Fett anrösten, bis sie duften. Alle Zutaten miteinander vermischen und mit Zitronenmelisseblättern garniert servieren.

Obstsalat mit Walnüssen

Für 2 Personen
Zubereitungszeit ca. 10 Minuten
Kalorienkiller: Zimt, Ballaststoffe
Pro Portion ca. 220 kcal

2 mittelgroße Birnen (300 g) | 1 EL Zitronensaft | 4 reife Feigen (200 g) | 30 g getrocknete Datteln | Zimt | 1 EL Walnüsse

1. Birnen waschen, halbieren, entkernen und das Fruchtfleisch in kleine Würfel schneiden, sofort mit Zitronensaft beträufeln. Feigen waschen, halbieren und vierteln. Die Datteln entsteinen und würfeln.
2. Das Obst in zwei Schälchen anrichten, mit Zimt und gehackten Walnüssen bestreut servieren.

Tipp: **Sie können zu diesem Obstsalat eine Vanille-Quark-Sauce reichen: 150 g Magerquark mit Mineralwasser cremig rühren, mit Vanillemark und einigen Tropfen flüssigem Süßstoff verrühren.**

Himbeermüsli
mit Apfel-Vanille-Joghurt

Für 2 Personen
Zubereitungszeit ca. 10 Minuten
Kalorienkiller: Ballaststoffe, Vanille, Probiotika, Kalzium
Pro Portion ca. 205 kcal

200 g Himbeeren | 1 Apfel (200 g) | 1 EL Zitronensaft | 150 g probiotischer Vanillejoghurt (0,1 % Fett) | 100 ml entrahmte Milch (0,1 % Fett) | 30 g kernige Haferflocken | 1 EL gehackte Haselnüsse

1. Himbeeren verlesen und in zwei Müslischalen verteilen.
2. Apfel waschen und mit der Schale grob raspeln. Sofort mit Zitronensaft beträufeln, damit der Apfel nicht anläuft. Joghurt mit der Milch cremig rühren und mit den Apfelraspeln verrühren.
3. Haferflocken und Nüsse in einer beschichteten Pfanne ohne Fett anrösten, bis sie duften.
4. Apfeljoghurt und die knusprige Haferflocken-Nuss-Mischung auf den Himbeeren verteilen.

Tipp: Den Apfeljoghurt können Sie auch am Vorabend zubereiten und zugedeckt im Kühlschrank aufbewahren. So steht am Morgen blitzschnell ein urgesundes Kalorienkiller-Frühstück auf dem Tisch.

Erdbeermüsli
mit Mandelmilch

Für 2 Personen
Zubereitungszeit ca. 10 Minuten
Kalorienkiller: Ballaststoffe, niedriger Glyx, Kalzium
Pro Portion ca. 230 kcal

250 g Erdbeeren | 60 g Dinkelmüsli (ohne Zuckerzusatz) | 2 EL Weizenkleie | 1/4 l entrahmte Milch (0,1 % Fett) | 2 EL gemahlene Mandeln

1. Erdbeeren waschen, abtropfen lassen und je nach Größe halbieren oder vierteln.
2. Früchte in zwei Müslischalen füllen, Dinkelmüsli und Weizenkleie daraufgeben. Milch mit gemahlenen Mandeln verrühren und über das Müsli gießen.

Tipp: Je nach Saison können Sie die unterschiedlichsten Obstsorten für dieses Müsli verwenden. Notfalls können Sie auch ungezuckerte Obstsorten aus der Dose oder dem Glas verwenden. Wenn Sie tiefgekühlte Früchte verwenden, diese am Vorabend abgedeckt in den Kühlschrank stellen.

Knusprige Pancakes mit Fruchtsauce (Foto)

Für 2 Personen
Zubereitungszeit ca. 25 Minuten + Ruhezeit
Kalorienkiller: Proteine, Probiotika, Ballaststoffe, Vitamin C
Pro Portion ca. 315 kcal

100 g Weizenvollkornmehl | 150 g probiotischer Naturjoghurt (0,1 % Fett) | 30 g Früchtemüsli (ohne Zucker) | Jodsalz | 1 EL Zucker | 2 TL Rapsöl | 200 g Heidelbeeren | 2 EL Kirschsaft

1. Mehl, Joghurt, Müsli, 1 Prise Salz und Zucker verrühren. Den Teig mindestens 30 Minuten abgedeckt ruhen lassen.
2. Einen Teelöffel Öl in einer kleinen beschichteten Pfanne erhitzen und aus der Hälfte der Teigmasse ein bis zwei dicke Pancakes backen. Die Pancakes im Backofen bei 70 °C warm halten. Aus der zweiten Teighälfte im restlichen Öl weitere Pancakes backen, ebenfalls warm stellen.
3. Die Heidelbeeren waschen, verlesen und mit dem Kirschsaft in ein hohes Gefäß geben. Die Beeren pürieren und zusammen mit den Pancakes servieren.

Tipp: Sollten Sie keinen Kirschsaft zur Hand haben, können Sie auch Apfel- oder Orangensaft verwenden.

Johannisbeeraufstrich

Für 2 Personen
Zubereitungszeit ca. 5 Minuten
Kalorienkiller: Aminosäuren, Pektin, Vitamin C
Pro Portion ca. 60 kcal

60 g Magerquark | 20 g entrahmter Frischkäse (0,2 % Fett) | 4–5 EL Mineralwasser mit Kohlensäure | 100 g Rote Johannisbeeren | flüssiger Süßstoff

1. Quark und Frischkäse mit Mineralwasser cremig rühren.
2. Die Johannisbeeren waschen und trocknen. Die Beeren unter den Quark heben und den Aufstrich mit Süßstoff abschmecken.

Tipp: Der fruchtige Quark passt auch zu den Pancakes.

Feigenkonfitüre

Für etwa 850 ml
Zubereitungszeit ca. 25 Minuten
+ Zeit zum Durchziehen und Abkühlen
Kalorienkiller: Zimt, Ballaststoffe, Vitamin C
Pro Esslöffel (= 20 g) ca. 33 kcal

*600 g vollreife Feigen | 250 g Extra-Gelier-
zucker 2 : 1 | 50 ml süßer Sherry | 1 Zimtstange |
2 EL Zitronensaft*

1. Die Feigen waschen, putzen und in 1 cm
   große Würfel schneiden. 500 Gramm Früchte abwiegen, mit Gelierzucker und Sherry in
   einem großen Topf mischen. 1 bis 2 Stunden
   durchziehen lassen.
2. Die Zimtstange dazugeben und unter ständigem Rühren aufkochen, dann 4 Minuten
   sprudelnd weiterkochen, den Zitronensaft
   dazugeben.
3. Die Konfitüre in saubere Twist-off-Gläser®
   füllen und fest verschließen. Die Gläser etwa
   10 Minuten auf den Deckel stellen, dann
   umdrehen und vollständig auskühlen lassen.

Stachelbeerkonfitüre mit Ingwer

Für etwa 1,2 Liter
Zubereitungszeit ca. 30 Minuten
+ Zeit zum Abkühlen
Kalorienkiller: Ingwer, Pektin
Pro Esslöffel (= 20 g) ca. 30 kcal

*3 cm frischer Ingwer | 1,2 kg reife Stachelbeeren |
500 g Extra-Gelierzucker 2 : 1*

1. Ingwer schälen und fein reiben. Die Stachelbeeren waschen und putzen. 1 Kilogramm
   Beeren abwiegen und mit Gelierzucker und
   Ingwer in einem Topf mischen. Die Früchte
   unter ständigem Rühren aufkochen und mindestens 3 Minuten sprudelnd kochen.
2. Die Konfitüre in saubere Twist-off-Gläser®
   füllen und fest verschließen. Die Gläser etwa
   10 Minuten auf den Deckel stellen, dann
   umdrehen und vollständig auskühlen lassen.

Tipp: Stehen die Gläser nach dem Einfüllen einige Zeit auf dem Deckel, steigt die
wenige Luft, die noch im Glas enthalten ist
durch die heiße Konfitüre nach oben und
wird dabei sterilisiert.

Grapefruitkonfitüre mit Vanille

Für etwa 1/2 Liter
Zubereitungszeit ca. 25 Minuten + Zeit zum
Abkühlen
Kalorienkiller: Vanille, Pektin
Pro Esslöffel (= 20 g) ca. 35 kcal

4 rosa Grapefruits (1 kg) | 175 g Zucker |
1/2 Pck. Gelierpulver 3 : 1 | 1/2 Vanilleschote

1. 2 Grapefruits auspressen. Die restlichen
   Früchte filetieren, den austretenden Saft
   dabei auffangen. Die Fruchtfilets in grobe
   Stücke schneiden.
2. Zucker und Gelierpulver in einem Topf
   mischen und 300 Milliliter Fruchtsaft und
   das ausgekratzte Vanillemark unterrühren.
3. Unter Rühren aufkochen lassen und 3 Minuten sprudelnd kochen lassen. Die Fruchtfilets
   unterrühren und einmal kurz aufkochen.
4. Die Konfitüre in saubere Twist-off-Gläser®
   füllen und fest verschließen. Die Gläser etwa
   10 Minuten auf den Deckel stellen, dann
   umdrehen und vollständig auskühlen lassen.

**Tipp: Beim Konfitürekochen hat es sich
bewährt, eine Gelierprobe zu machen:
Geben Sie einen Teelöffel der heißen Konfitüre auf einen kleinen Teller. Innerhalb
von 5 Minuten sollte die Konfitüre eine
feine Haut gebildet haben und nicht mehr
flüssig sein. So sind Sie sicher, dass Ihre
selbstgemachten Köstlichkeiten im Glas
auch wirklich fest werden.**

Bananen-Vanille-Aufstrich

Für 2 Personen
Zubereitungszeit ca. 5 Minuten
Kalorienkiller: Magnesium, Vanille
Pro Portion ca. 110 kcal

2 vollreife Bananen (400 g) | 1 EL Zitronensaft |
1/2 Vanilleschote | 30 g Magerquark

1. Bananen schälen, mit einer Gabel zerdrücken
   und den Zitronensaft darüberträufeln.
2. Vanilleschote der Länge nach aufschneiden
   und das Mark herauskratzen. Vanillemark
   und Quark mit dem Bananenmus verrühren.

**Tipp: Einfach köstlich: Bananen-Vanille-
Aufstrich auf Vollkornknäckebrot oder
frisch getoastetem Vollkornbrot mit etwas
Kakaopulver bestäubt.**

Sonntagsfrühstück

Für 2 Personen
Zubereitungszeit ca. 15 Minuten
Kalorienkiller: Kalzium, Proteine, Lipamin, Cholin
Pro Portion ca. 262 kcal

2 Eier | 4 Vollkornknäckebrote | 60 g Hüttenkäse (Magerstufe) | 1 TL stark entöltes Kakaopulver | 1 TL gemahlene Mandeln | 10 g Diätmargarine | 4 dünne Scheiben Lachsschinken | 50 g Gurke | 1/4 Bund Schnittlauch

1. Die Eier in kochendem Wasser nach Geschmack 5 bis 8 Minuten kochen.
2. Zwei Knäckebrote mit Hüttenkäse bestreichen, mit Kakaopulver und Mandeln bestreuen, zwei Knäckebrote mit Diätmargarine bestreichen und mit Lachsschinken belegen. Gurke waschen und in Scheiben, Schnittlauch in Röllchen schneiden. Beides auf dem Lachsschinken verteilen.
3. Eier abgießen und zu den Knäckebroten servieren.

Tipp: Werfen Sie einmal einen prüfenden Blick in das Knäckebrot-Regal Ihres Supermarkts. Es gibt mittlerweile sehr viele Sorten. Beachten Sie bei der Auswahl Folgendes: Sind viele Ballaststoffe im Knäckebrot, wird es der Hersteller auch mehr oder weniger groß auf der Packung anpreisen.

Erdbeerknäckebrot

Für 2 Personen
Zubereitungszeit ca. 10 Minuten
Kalorienkiller: Proteine, Ballaststoffe, Aminosäuren
Pro Portion ca. 185 kcal

4 Scheiben Vollkornknäckebrot | 100 g Hüttenkäse (Magerstufe) | 400 g Erdbeeren | Pfeffer

1. Die Knäckebrote mit Hüttenkäse bestreichen. Erdbeeren waschen, putzen und die Früchte in Scheiben schneiden.
2. Brote mit Erdbeerscheiben belegen und mit etwas Pfeffer bestreut servieren.

Tipp: Auch bei magerem Hüttenkäse gibt es Abstufungen im Fettgehalt. Er schwankt zwischen 0,8 und etwa 4 %. Verwenden Sie für die Kalorienkiller-Rezepte immer die Sorte, die am wenigsten Fett enthält.

Knusprige Hagebuttenbrötchen

Für 2 Personen
Zubereitungszeit ca. 5 Minuten
Kalorienkiller: Proteine, Vitamin C, Ballaststoffe
Pro Portion ca. 225 kcal

2 Vollkornbrötchen | 90 g Magerquark |
2–3 EL Mineralwasser mit Kohlensäure |
40 g Hagebuttenkonfitüre

1. Die Vollkornbrötchen halbieren und im Toaster knusprig auftoasten.
2. Den Quark mit Mineralwasser cremig rühren und auf den Brötchenhälften verteilen. Hagebuttenkonfitüre darauf verstreichen.

Tipp: Nicht alle dunklen Brötchen sind automatisch auch Vollkornbrötchen. Fragen Sie beim Bäcker nach: Vollwert-, Fitness- oder Schwarzbrotbrötchen sind Namen, die darauf hindeuten, dass es sich nicht um echte Vollkornbrötchen handelt.

Apfel-Ingwer-Aufstrich

Für 2 Portionen
Zubereitungszeit ca. 20 Minuten
Kalorienkiller: Ingwer, Zimt, Proteine
Pro Portion ca. 50 kcal

1/2 Apfel (100 g) | 1/2 kleine Möhre (30 g) |
1/2 cm frischer Ingwer | 60 g Magerquark |
2–3 EL Mineralwasser mit Kohlensäure | 1 TL grüne
Pfefferkörner | 1 Stengel Zitronenmelisse | Jodsalz |
weißer Pfeffer | Zimt | 1 TL Limettensaft |

1. Apfel waschen. Möhre und Ingwer schälen. Apfel, Möhre und Ingwer fein reiben.
2. Quark mit Mineralwasser cremig rühren, Apfel, Möhre und Ingwer unterheben. Grob gehackte Pfefferkörner und die fein geschnittene Zitronenmelisse dazugeben, mit Salz, Pfeffer, Zimt und Limettensaft herzhaft abschmecken.

Tipp: Sie können diesen Aufstrich auf Vorrat zubereiten, z. B. mit einer ganzen Packung Quark (250 g) und je 2 Äpfeln und Möhren. Gut verpackt, bleibt er im Kühlschrank einige Tage frisch.

Herzhafte Brotaufstriche

Scharfer Kräuterquark (Foto)

Für 2 Personen
Zubereitungszeit ca. 15 Minuten
**Kalorienkiller: Proteine, Aminosäuren,
Capsaicin**
Pro Portion ca. 65 kcal

*1 Schalotte (20 g) | 1/2 Knoblauchzehe | 75 g Kohl-
rabi | 1/2 Bund gemischte Kräuter (z. B. Petersilie,
Dill, Schnittlauch) | 125 g Magerquark |
3–4 EL Mineralwasser mit Kohlensäure | Jodsalz |
Pfeffer | Cayennepfeffer | Ingwer | Tabasco*

1. Schalotte und Knoblauchzehe abziehen und
   fein würfeln. Kohlrabi schälen und raspeln.
   Die Kräuter waschen, trocknen und fein
   schneiden, Schnittlauch in Röllchen schneiden.
2. Quark mit Mineralwasser glatt rühren, Kräuter, Kohlrabiraspel, Schalotten- und Knoblauchwürfel unterheben und mit Salz, Pfeffer, Cayennepfeffer, Ingwer und Tabasco
   kräftig abschmecken.

Tipp: Der pikante Aufstrich passt auch
ideal als Dip zu kurz gebratenem Fleisch,
Folienkartoffeln oder Fischfilets. Perfekt
auch zu Gurken-, Möhren- und Paprika-
streifen.

Kräuterkochkäse

Für 2 Portionen
Zubereitungszeit ca. 10 Minuten
**Kalorienkiller: Proteine, Aminosäuren,
Kalzium, Capsaicin**
Pro Portion ca. 50 kcal

*1 Schalotte (20 g) | 1 kleine Knoblauchzehe |
1/2 Bund gemischte Kräuter (z. B. Petersilie,
Dill, Schnittlauch) | 100 g Mager-Kochkäse |
1/2 TL milder Senf | 1/4 Chilischote |*

1. Schalotte und Knoblauchzehe abziehen und
   sehr fein würfeln. Kräuter waschen, trocknen
   und fein schneiden. Schnittlauch in Röllchen
   schneiden.
2. Kochkäse mit Zwiebel- und Knoblauchwür-
   feln, Kräutern und Senf verrühren.
3. Die Chilischote entkernen und waschen. In
   feine Streifen schneiden und über den Kochkäse streuen. Achtung: Nach dem Chilischneiden die Hände unbedingt gründlich
   waschen.

Kichererbsencreme mit Kreuzkümmel

Für 2 Personen
Zubereitungszeit ca. 10 Minuten
Kalorienkiller: Ballaststoffe, Capsaicin
Pro Portion ca. 88 kcal

120 g Kichererbsen (aus der Dose) | 5 EL Apfelsaft | Jodsalz | Cayennepfeffer | Kreuzkümmel | 1/4 Bund Koriandergrün

1. Kichererbsen und Apfelsaft in ein hohes Gefäß geben und pürieren. Mit Salz, Cayennepfeffer und Kreuzkümmel herzhaft abschmecken.
2. Koriandergrün waschen, trocknen und fein hacken, unter die Kichererbsencreme rühren.

Tipp: Eine Dose Kichererbsen enthält etwa 240 g. Bereiten Sie also praktischerweise gleich die doppelte Menge Kichererbsencreme zu, so bleibt nichts übrig, und Sie haben im Kühlschrank einen kleinen Vorrat dieses pikanten Brotaufstrichs.

Kartoffel-Senf-Aufstrich

Für 2 Personen
Zubereitungszeit ca. 30 Minuten
Kalorienkiller: Kalzium, Ballaststoffe
Pro Portion ca. 85 kcal

200 g Kartoffeln | Jodsalz | 30 g Mager-Kochkäse | 1 TL Dijonsenf | 2 Stengel Petersilie | 1/2 kleine Möhre (30 g) | weißer Pfeffer | Muskat | Thymian | Oregano | Kümmel

1. Die Kartoffeln in Salzwasser als Pellkartoffeln garen, pellen und noch heiß zerdrücken.
2. Die Kartoffelmasse mit Kochkäse, Senf, gehackter Petersilie und geriebener Möhre verrühren und mit Salz, Pfeffer, Muskat, Thymian, Oregano und Kümmel würzen.
3. Kartoffel-Senf-Aufstrich abkühlen lassen und noch einmal abschmecken.

Tipp: Zur Abwechslung können Sie den Kartoffelaufstrich auch mit Knoblauch oder Cayennepfeffer abschmecken. Auch Dill und fein gehackte Gewürzgurken bringen einen ganz neuen Geschmack in den Aufstrich.

Forellen-Kräuter-Creme

Für 2 Personen
Zubereitungszeit ca. 10 Minuten
Kalorienkiller: Proteine, Kalzium
Pro Portion ca. 115 kcal

80 g geräuchertes Forellenfilet | 2 Frühlingszwiebeln | 125 g Magerquark | 3–4 EL Mineralwasser mit Kohlensäure | 2 TL Meerrettich (Glas oder Tube) | Jodsalz | Pfeffer

1. Forellenfilet in feine Stückchen zupfen, dabei eventuell vorhandene Gräten entfernen. Frühlingszwiebeln waschen, putzen und in sehr feine Ringe schneiden.
2. Quark mit Mineralwasser glatt rühren, Forelle und Frühlingszwiebeln unterheben und mit Meerrettich, Salz und Pfeffer abschmecken.

Bärlauch-Pesto

Für 2 Personen
Zubereitungszeit ca. 30 Minuten
Kalorienkiller: Kalzium, Aminosäuren
Pro Portion ca. 350 kcal

30 g gehackte Mandeln | 40 g Parmesan | 50 g Bärlauch | 3 EL Rapsöl | Jodsalz | Pfeffer

1. Die Mandeln ohne Fettzugabe in einer beschichteten Pfanne goldgelb anrösten. Sofort herausnehmen und auf einen Teller geben, damit sie nicht zu dunkel werden.
2. Parmesan fein reiben. Bärlauch waschen und gut trocknen. Die Blätter in feine Streifen schneiden. Mandeln, Bärlauch und Parmesan im Mörser zu einer Paste zerstoßen. Öl nach und nach zugeben und mit Salz und Pfeffer würzen.

Tipp: Wenn Sie keinen Mörser besitzen, geben Sie die Masse in ein hohes, schmales Gefäß und pürieren alles mit dem Mixstab. Für den Vorrat: Pesto in saubere Schraubgläser füllen, einen Schuss Öl daraufgießen und gut verschließen. So bleibt Pesto im Kühlschrank etwa 2 Wochen aromatisch.

Harzer-Apfel-Häckerle

Für 2 Portionen
Zubereitungszeit ca. 10 Minuten
Kalorienkiller: Proteine, Harzer Käse
Pro Portion ca. 115 kcal

*100 g Harzer Käse | 1/2 Apfel (100 g) | 1 TL Raps-
öl | 1 TL Zitronensaft | 1/2 TL abgeriebene Zitronen-
schale | Jodsalz | schwarzer Pfeffer | 2 Stengel
Petersilie*

1. Harzer Käse und Apfel fein würfeln und miteinander vermischen.
2. Rapsöl, Zitronensaft, Zitronenschale, Salz und Pfeffer verrühren und unter die Käse- und Apfelwürfel heben. Mit gehackter Petersilie bestreuen.

Tipp: **Auf Gurkenscheiben angerichtet, eine Bereicherung für ein kaltes Büfett.**

Gorgonzola-Aufstrich

Für 2 Personen
Zubereitungszeit ca. 10 Minuten
Kalorienkiller: Pektin, Kalzium, Probiotika
Pro Portion ca. 180 kcal

*1 Apfel (200 g) | 1 EL Zitronensaft | 1 Knoblauch-
zehe | 150 g probiotischer Naturjoghurt
(0,1 % Fett) | 60 g Gorgonzola | Zucker | Pfeffer*

1. Den Apfel waschen, halbieren und das Kerngehäuse entfernen. Das Fruchtfleisch mit der Schale fein würfeln. Mit Zitronensaft beträufeln.
2. Knoblauchzehe abziehen und in den Joghurt pressen. Joghurt mit dem grob zerbröckelten Gorgonzola glatt rühren. Apfelwürfel unterheben und den Aufstrich mit wenig Zucker und Pfeffer abschmecken.

Tipp: **Blauschimmelkäse wie Gorgonzola, Stilton oder Roquefort enthalten sehr viel Salz. Der Aufstrich sollte daher nicht noch zusätzlich gesalzen werden.**

Scharfe Linsenpaste

Für 2 Personen
Zubereitungszeit ca. 30 Minuten
Kalorienkiller: Ballaststoffe, Capsaicin
Pro Portion ca. 90 kcal

*30 g rote Linsen | 1/4 l Gemüsebrühe | 60 g Hütten-
käse (Magerstufe) | 1–2 TL Limettensaft |
1/2 TL Honig | 1/2 kleine Möhre (30 g) |
1 Stück Kohlrabi (30 g) | Cayennepfeffer | Soja-
sauce | Tabasco | Pfeffer | Kümmel | 2 Stengel
Petersilie*

1. Linsen in Gemüsebrühe etwa 20 Minuten
   weich kochen. Die Linsen abgießen und
   dabei etwas Kochflüssigkeit auffangen.
2. Die Linsen zusammen mit Hüttenkäse,
   Limettensaft und Honig in einem hohen
   Gefäß pürieren. Möhre und Kohlrabi fein
   reiben und unterheben. Falls die Masse zu
   fest sein sollte, etwas von der aufgefangenen
   Gemüsebrühe unterrühren.
3. Mit Cayennepfeffer, Sojasauce, Tabasco, Pfeffer und Kümmel abschmecken, mit gehackter Petersilie bestreut servieren.

Kidneybohnenpaste

Für 2 Portionen
Zubereitungszeit ca. 15 Minuten
**Kalorienkiller: Ballaststoffe, Kalzium,
Capsaicin, Jod**
Pro Portion ca. 75 kcal

*70 g Kidneybohnen (aus der Dose) | 1/2 TL Rapsöl |
30 g Tomatenmark | 50 g entrahmte Dickmilch
(0,1 % Fett) | 1/4 Bund Schnittlauch | Jodsalz |
schwarzer Pfeffer | Cayennepfeffer | Tabasco |
Paprikapulver*

1. Kidneybohnen gut abtropfen lassen, mit
   Rapsöl, Tomatenmark und Dickmilch in
   einem hohen Gefäß pürieren.
2. Schnittlauch waschen und in feine Röllchen
   schneiden, unter die Bohnenpaste heben. Mit
   Salz, Pfeffer, Cayennepfeffer, Tabasco und
   Paprikapulver abschmecken.

**Tipp: Kinder begegnen Hülsenfrüchten
oft mit Ablehnung. Kidneybohnen jedoch
schmecken mild und leicht süßlich und
werden daher eher als Ballaststofflieferant
akzeptiert.**

Mangodip (Foto)

Für etwa 200 ml
Zubereitungszeit ca. 10 Minuten
Kalorienkiller: Capsaicin, Vitamin C
Pro Esslöffel (= 20 g) ca. 28 kcal

1 kleine vollreife Mango (ca. 300 g) | 1 kleine rote Chilischote | 1 Knoblauchzehe | 1 Limette | 1 EL brauner Zucker | 2 EL Rapsöl | Jodsalz | Pfeffer

1. Die Mango schälen, Fruchtfleisch vom Stein schneiden und das Fruchtfleisch grob würfeln. Die Chilischote waschen, putzen und klein schneiden. Achtung: Hände nach dem Chilischneiden gut waschen.
2. Knoblauchzehe abziehen und zerdrücken. Die Limette auspressen. Mangowürfel und Chilischote, Knoblauch, Limettensaft, Zucker und Öl in ein hohes Gefäß geben und mit dem Pürierstab fein pürieren. Mit Salz und Pfeffer abschmecken.

Tipp: **Reichen Sie den Dip zu gebratenem oder gegrilltem Fisch oder Fleisch. Auch als Fonduesauce hervorragend geeignet.**

Apfel-Chutney

Für 2 Personen
Zubereitungszeit ca. 20 Minuten
Kalorienkiller: Capsaicin, Ingwer, Pektin
Pro Portion ca. 92 kcal

1 kleine Zwiebel (30 g) | 1 kleine Chilischote | 1 cm frischer Ingwer | 1 säuerlicher Apfel (200 g) | 1 EL Zucker | 1/4 TL Curry | 3 EL Apfelsaft | Jodsalz | Pfeffer

1. Die Zwiebel abziehen und fein würfeln. Die Chilischote längs halbieren, entkernen, waschen und in feine Würfel schneiden. Achtung: Nach dem Chilischneiden Hände unbedingt gut waschen. Den Ingwer schälen und fein reiben. Apfel waschen, halbieren, das Kerngehäuse herausschneiden und fein würfeln.
2. Zucker in einem kleinen Topf hellbraun karamellisieren lassen. Zwiebel- und Chiliwürfel und den Ingwer dazugeben, mit Curry bestäuben und sofort mit Apfelsaft ablöschen. Einige Minuten offen kochen lassen, dabei häufiger umrühren.
3. Die Apfelwürfel dazugeben, einmal aufkochen lassen und mit Salz und Pfeffer würzen. Abgekühlt servieren.

Tipp: **Genießen Sie das Chutney zu gebratenem Geflügel, Kasseler-Aufschnitt oder geräucherter Putenbrust.**

Avocado-Chili-Aufstrich

Für 2 Personen
Zubereitungszeit ca. 10 Minuten
Kalorienkiller: Capsaicin
Pro Portion ca. 250 kcal

1 vollreife Avocado (220 g) | 2 EL Zitronensaft |
1 Knoblauchzehe | 1 kleine rote Chilischote |
Jodsalz | Pfeffer

1. Die Avocado halbieren, den Kern entfernen und das Fruchtfleisch mit einem Löffel herausschaben. Fruchtfleisch in eine kleine Schüssel geben und sofort mit Zitronensaft beträufeln.
2. Knoblauchzehe abziehen und fein hacken. Die Chilischote längs halbieren, entkernen, waschen und in feine Würfel schneiden. Achtung: Nach dem Chilischneiden Hände unbedingt gut waschen.
3. Knoblauch und Chiliwürfel zu der Avocado geben und das Fruchtfleisch der Avocado mit einer Gabel grob zerdrücken. Mit Salz und Pfeffer abschmecken.

Tipp: **Reife Avocados geben bei Druck leicht nach. Die Farbe der Schale hat nichts mit dem Reifegrad zu tun, es handelt sich nur um verschiedene Sorten. Die Säure im Zitronensaft verhindert, dass sich das Avocado-Fruchtfleisch an der Luft verfärbt.**

Paprika-Chili-Ketchup

Für etwa 450 ml
Zubereitungszeit ca. 45 Minuten
Kalorienkiller: Capsaicin, Jod, Vitamin C
Pro Esslöffel (= 20 g) ca. 9 kcal

250 g Tomaten | 1 große rote Zwiebel (80 g) |
2 Knoblauchzehen | 1 rote Paprikaschote (200 g) |
1 getrocknete Chilischote | Jodsalz | 1 EL Tomaten-
mark | 60 ml Weißweinessig | 1 EL brauner Zucker |
1 TL Speisestärke

1. Die Tomaten waschen, Stielansätze entfernen, Zwiebel und Knoblauchzehen abziehen. Paprikaschote waschen, halbieren und entkernen. Alles in einem hohen Gefäß fein pürieren.
2. Chilischote im Mörser mit etwas Salz fein zermahlen oder mit einem Messer sehr fein hacken. Das pürierte Gemüse zusammen mit Chili, Tomatenmark, Essig und Zucker in eine Pfanne geben und etwa 30 Minuten offen einkochen lassen. Eventuell nachwürzen.
3. Stärke mit etwas kaltem Wasser glatt rühren und in die kochende Flüssigkeit gießen, unter Rühren 1 Minute weiterkochen lassen.
4. Kochend heiß in saubere Gläser füllen und sofort verschließen.

Pikante Suppen

Kürbissuppe

Für 2 Personen
Zubereitungszeit ca. 35 Minuten
Kalorienkiller: Wasser, Ballaststoffe, Ingwer, niedrige Energiedichte
Pro Portion ca. 100 kcal

750 g Kürbis | 1/2 kleine Zwiebel | 1/2 Knoblauchzehe | 2 TL Rapsöl | 1/2 l Gemüsebrühe | 1 Päckchen gemahlener Safran (0,1 g) | 3–4 EL Orangensaft | 1/2 TL Honig | Jodsalz | weißer Pfeffer | Salbei | Ingwer

1. Den Kürbis in mundgerechte Stücke schneiden. Zwiebel und Knoblauchzehe abziehen und fein würfeln.
2. Das Öl erhitzen, Zwiebel- und Knoblauchwürfel darin glasig dünsten, den Kürbis dazugeben und kurz anbraten, mit Gemüsebrühe aufgießen, Safran dazugeben. Bei mittlerer Hitze zugedeckt etwa 15 bis 20 Minuten kochen.
3. Den Orangensaft zugeben, mit Honig, Salz, Pfeffer, Salbei und Ingwer abschmecken.

Tipp: Die Kochzeit richtet sich nach der Kürbissorte, die Sie verwenden. Manche Sorten sind schon nach 15 Minuten weich gekocht. Als Beilage zur Kürbissuppe passt frisch getoasteter Pumpernickel.

Kräuter-Gurken-Suppe mit Sesam

Für 2 Personen
Zubereitungszeit ca. 25 Minuten
Kalorienkiller: niedriger Glyx, Proteine, Ballaststoffe
Pro Portion ca. 120 kcal

500 g Schmor- oder Salatgurke | 1/2 Gemüsezwiebel (100 g) | 1/2 Knoblauchzehe | 1 TL Sesamöl | 1/2 l Gemüsebrühe | 1 TL heller Saucenbinder | 2 EL Zitronensaft | 75 g Magerquark | 6 EL entrahmte Milch (0,1 % Fett) | je 1/4 Bund Petersilie, Dill und Schnittlauch | 1 EL Sesamsamen

1. Die Gurke schälen, die Gemüsezwiebel und die Knoblauchzehe abziehen, alles grob hacken.
2. Das Sesamöl erhitzen, Gurke, Zwiebeln und Knoblauch darin glasig dünsten. Mit Gemüsebrühe ablöschen und 15 Minuten bei mittlerer Hitze zugedeckt kochen.
3. Die Suppe pürieren und den Saucenbinder einrühren. Einmal aufkochen. Zitronensaft, Quark und Milch unter die Suppe rühren. Die Suppe nun nicht mehr kochen lassen. Petersilie und Dill hacken, Schnittlauch in feine Röllchen schneiden. Kräuter und Sesamsamen über die Suppe streuen. Eventuell mit Vollkornbrötchen servieren.

Tipp: Die Suppe gelingt auch mit Zucchini.

Tomatencremesuppe

Für 2 Personen
Zubereitungszeit ca. 20 Minuten
Kalorienkiller: Ballaststoffe, niedriger Glyx, Proteine
Pro Portion ca. 105 kcal

1 kleine rote Zwiebel | 1 Knoblauchzehe | 1/2 kleine Möhre | 1 TL Rapsöl | 150 g Kirschtomaten | 1 kleine Dose Tomaten (400 g) | 50 g Magerquark | Jodsalz | bunter Pfeffer | flüssiger Süßstoff | 1/4 Bund Schnittlauch

1. Zwiebel und Knoblauchzehe abziehen, Möhre schälen. Das Gemüse fein würfeln und im Rapsöl glasig dünsten. Kirschtomaten dazugeben und kurz andünsten, die Tomaten aus der Dose zugeben. Die Suppe 5 Minuten bei mittlerer Hitze zugedeckt kochen.
2. Den Quark zugeben und die Suppe fein pürieren. Nicht mehr kochen. Mit Salz, Pfeffer und wenig Süßstoff abschmecken, den Schnittlauch in feine Röllchen schneiden und darüberstreuen.

Bunte Tomatensuppe Toskana

Für 2 Personen
Zubereitungszeit ca. 30 Minuten
Kalorienkiller: Proteine, niedriger Glyx, Capsaicin, Chrom
Pro Portion ca. 280 Kalorien

200 g Hähnchenbrustfilet | 1/2 Gemüsezwiebel | (100 g) | 400 g bunte Paprikaschoten | 100 g frische Champignons | 1 TL Rapsöl | 250 ml passierte Tomaten | 1/4 l Gemüsebrühe | 100 g Mager-Kochkäse | Jodsalz | bunter Pfeffer | Cayennepfeffer | Pizzagewürz

1. Hähnchenbrust in Streifen schneiden, Zwiebel abziehen und fein würfeln. Paprika waschen, putzen und in mundgerechte Stücke schneiden, Champignons putzen und in Scheiben schneiden.
2. Öl erhitzen, Fleisch, Zwiebeln und Paprika darin anbraten. Champignons, passierte Tomaten und die Gemüsebrühe zugeben. Zugedeckt etwa 15 Minuten kochen.
3. Die Hälfte des Kochkäses in die Suppe rühren und mit Salz, Pfeffer, Cayennepfeffer und Pizzagewürz kräftig abschmecken. Die Suppe mit je einem Klecks Kochkäse servieren.

Tipp: Wenn Sie flüssigere Suppen bevorzugen, fügen Sie mehr Gemüsebrühe zu.

Apfel-Ingwer-Suppe mit Eischneeklößchen

Für 2 Personen
Zubereitungszeit ca. 45 Minuten
Kalorienkiller: Zimt, Vanille, Ingwer
Pro Portion ca. 112 kcal

2 Boskop-Äpfel (400 g) | 1/2 cm frischer Ingwer | 1/2 Vanilleschote | flüssiger Süßstoff | 2 EL Zitronensaft | 1 Zimtstange | 1 Eiklar | Jodsalz | Zimt | 1/2 TL abgeriebene Zitronenschale

1. Die Äpfel waschen, halbieren, das Kerngehäuse herausschneiden und das Fruchtfleisch würfeln. Ingwer schälen und in dünne Scheiben schneiden, die Vanilleschote aufschneiden und das Mark herauskratzen.
2. 1/2 Liter Wasser, einige Tropfen Süßstoff, Zitronensaft, Ingwer, Zimtstange, Vanillemark und ausgekratzte Vanilleschote in einem Topf aufkochen, die Apfelwürfel 3 bis 5 Minuten bissfest garen. Die Apfelwürfel mit einem Schaumlöffel aus der Suppe heben und beiseitestellen. Ingwerscheiben, Zimtstange und Vanilleschote aus der Suppe nehmen.
3. Das Eiklar mit 1 Prise Salz, einigen Tropfen Süßstoff, Zimt und abgeriebener Zitronenschale steif schlagen. Die Suppe aufkochen. Den Eischnee mit zwei Teelöffeln zu kleinen Nocken abstechen und bei schwacher Hitze 3 Minuten ziehen lassen, zwischendurch einmal wenden.
4. Die beiseitegestellten Apfelwürfel wieder in die Suppe geben und servieren.

Kürbis-Käse-Suppe mit frischem Ingwer

Für 2 Personen
Zubereitungszeit ca. 40 Minuten
Kalorienkiller: Proteine, niedriger Glyx, Ingwer
Pro Portion ca. 297 kcal

500 g Kürbis | 1/2 cm frischer Ingwer | 1/2 l Gemüsebrühe | 1 säuerlicher Apfel (200 g) | 50 g entrahmter Naturjoghurt (0,1 % Fett) | 1 TL Limettensaft | Jodsalz | weißer Pfeffer | Anis | flüssiger Süßstoff | 250 g Olmützer Quargel (Sauermilchkäse) | je 1/4 Bund Basilikum, Petersilie, Schnittlauch

1. Kürbis schälen und das Fruchtfleisch würfeln, Ingwer schälen und hacken.
2. Die Gemüsebrühe aufkochen, Kürbis und Ingwer zugeben und 15 bis 20 Minuten mit geschlossenem Deckel bei mittlerer Hitze kochen. Die Suppe pürieren und mit Joghurt verrühren. Mit Limettensaft, Salz, Pfeffer, Anis und Süßstoff abschmecken.
3. Apfel schälen, das Kerngehäuse herausschneiden und in dünne Scheiben schneiden. Die einzelnen Käsescheiben vom Quargel abtrennen. Käse und Apfel in die Suppe geben, nicht mehr kochen.
4. Die Kräuter waschen und hacken, Schnittlauch in Röllchen schneiden. Kräuter auf die Suppe streuen.

Indische Kartoffelsuppe (Foto)

Für 2 Personen
Zubereitungszeit ca. 20 Minuten
Kalorienkiller: niedrige Energiedichte, Ballaststoffe
Pro Portion ca. 160 kcal

300 g Kartoffeln | 1 kleine Zwiebel | 1 Knoblauch-zehe | 1 TL Sesamöl | Curry | 1/4 TL Garam Masala | Koriander | 1/2 l Gemüsebrühe | 2 EL Kokosmilch | Jodsalz | Pfeffer | 2 Stengel Koriandergrün

1. Die Kartoffeln waschen, schälen und in Würfel schneiden. Die Zwiebel und die Knoblauchzehe abziehen und fein würfeln.
2. Das Öl erhitzen, Zwiebel-, Knoblauch- und Kartoffelwürfel dazugeben und kurz glasig dünsten. Die Gewürze zugeben und ganz kurz anschwitzen. Mit Gemüsebrühe und Kokosmilch aufgießen und etwa 15 Minuten bei mittlerer Hitze zugedeckt kochen.
3. Suppe mit Salz und Pfeffer abschmecken. Koriander waschen, Blättchen abzupfen und die Suppe damit garnieren.

Tipp: Exotische Gewürze duften unvergleichlich aromatisch, wenn man sie kurz in Öl anschwitzt. Jedoch verbrennen sie auch leicht. Stellen Sie am besten die Flüssigkeit zum Ablöschen bereit, bevor Sie die Gewürze in den Topf geben.

Apfel-Kartoffel-Suppe mit Seelachs

Für 2 Personen
Zubereitungszeit ca. 45 Minuten
Kalorienkiller: niedriger Glyx, Capsaicin, Jod
Pro Portion ca. 335 kcal

1 säuerlicher Apfel (200) | 100 g Möhren 350 g Kartoffeln | 1/2 kleine Zwiebel | 1 TL Rapsöl | 3/4 l Gemüsebrühe | 50 g Magerquark | 6 EL ent-rahmte Milch (0,1 % Fett) | 1/4 Chilischote | Jod-salz | weißer Pfeffer | Zimt | Curry | Paprikapulver | 1/2 TL abgeriebene Zitronenschale | 200 g See-lachsfilet | 1 EL Zitronensaft | 2 Stengel Petersilie

1. Apfel, Möhren und Kartoffeln waschen, schälen und würfeln, die Zwiebel abziehen und in Streifen schneiden. Das Öl erhitzen und das Gemüse darin kurz andünsten. Mit 1/2 Liter Gemüsebrühe auffüllen und zuge-deckt etwa 20 Minuten bei kleiner Hitze kochen.
2. Quark und Milch glatt rühren und kräftig mit fein geschnittener Chilischote, Salz, Pfef-fer, wenig Zimt, Curry, Paprikapulver und Zitronenschale abschmecken.
3. Den Seelachs in mundgerechte Stücke teilen, mit Zitronensaft beträufeln und mit Salz würzen. Den Fisch in einem zweiten Topf in der restlichen Gemüsebrühe bei schwacher Hitze 3 Minuten garziehen lassen.
4. Die Quarkmischung unter die Suppe rühren, den Seelachs mit einem Schaumlöffel aus der Brühe heben und in zwei tiefe Teller füllen. Die Suppe darüberschöpfen und mit gehack-ter Petersilie bestreut servieren.

Orientalische Spinatsuppe

Für 2 Personen
Zubereitungszeit ca. 20 Minuten
Kalorienkiller: Capsaicin, niedrige Energiedichte
Pro Portion ca. 240 kcal

1 EL Rapsöl | 500 g gehackter TK-Spinat | 3/8 l Gemüsebrühe | 1 EL Rosinen | 1/8 l entrahmte Milch (0,1 % Fett) | 1 Päckchen Safran (0,1 g) | Jodsalz | Pfeffer | Cayennepfeffer | Kreuzkümmel | 1 Knoblauchzehe | 1 Scheibe Vollkorntoast | 1 EL gehackte Mandeln

1. Die Hälfte des Öls erhitzen, den Spinat kurz andünsten. Die Gemüsebrühe zugeben und bei mittlerer Hitze etwa 15 Minuten auftauen und garen. In den letzten 5 Minuten die Rosinen zugeben.
2. Die Milch zum Spinat geben, die Suppe mit Safran, Salz, Pfeffer, Cayennepfeffer und Kreuzkümmel abschmecken.
3. Die Knoblauchzehe abziehen, das Toastbrot würfeln. Das restliche Öl erhitzen und die Brotwürfel zusammen mit dem Knoblauch goldbraun braten. Brotwürfel und Mandeln über die Suppe streuen.

Frühlingskräutersuppe mit Ziegenfrischkäse

Für 2 Personen
Zubereitungszeit ca. 25 Minuten
Kalorienkiller: Wasser, niedrige Energiedichte
Pro Portion ca. 145 kcal

2 Schalotten (40 g) | 1 Knoblauchzehe | 1 TL Rapsöl | 1/2 l Gemüsebrühe | 150 g entrahmter Naturjoghurt (0,1 % Fett) | 1 TL Speisestärke | 1 EL Ziegenfrischkäse | 1/2 Bund Kräuter (z. B. Dill, Kerbel, Schnittlauch) | Jodsalz | Pfeffer

1. Die Schalotten und die Knoblauchzehe abziehen und fein würfeln. Öl erhitzen, Zwiebel- und Knoblauchwürfel darin andünsten. Mit Brühe ablöschen, aufkochen lassen und 5 bis 10 Minuten bei schwacher Hitze kochen.
2. Joghurt mit der Stärke verrühren und mit 1/2 Esslöffel Frischkäse unter die Suppe rühren, einmal aufkochen.
3. Kräuter waschen, trocknen und fein hacken, Schnittlauch in feine Röllchen schneiden. Die Hälfte der Kräuter in die Suppe geben und pürieren. Die Suppe mit Salz und Pfeffer abschmecken.
4. Aus dem restlichen Frischkäse mit zwei Teelöffeln zwei kleine Nocken formen. Je eine auf einen Teller Suppe setzen und mit den restlichen Kräutern garnieren.

Tipp: **Eine sehr feine Knoblauchnote bekommt die Suppe, wenn Sie die Knoblauchzehe weglassen und dafür ein kleines Bund Bärlauch zusätzlich zu den anderen Kräutern verwenden.**

Paprikasuppe all'arrabbiata

Für 2 Personen
Zubereitungszeit ca. 40 Minuten
Kalorienkiller: Capsaicin, Wasser, niedrige Energiedichte
Pro Portion ca. 185 kcal

500 g rote Paprika | 1 kleine rote Chilischote | 1 kleine rote Zwiebel (30 g) | 2 Knoblauchzehen | 1 EL Rapsöl | 1 EL Tomatenmark | 400 ml Gemüse-brühe | 5 schwarze Oliven | 3 Stengel Basilikum | Jodsalz | Pfeffer | flüssiger Süßstoff | 2–3 TL Balsamico-Essig | 2 TL Kapern

1. Paprikaschoten waschen, längs halbieren, Trennwände und Kerne entfernen. Die Paprika grob zerkleinern. Die Chilischote längs halbieren, entkernen und waschen. Die Schote in feine Streifen schneiden. Achtung: Nach dem Chilischneiden Hände unbedingt gut waschen.
2. Zwiebel und die Knoblauchzehen abziehen, würfeln und mit den Chiliringen im heißen Öl glasig dünsten. Paprika dazugeben und mitdünsten. Tomatenmark und Gemüsebrü-he einrühren. Aufkochen und 20 Minuten bei schwacher Hitze zugedeckt kochen.
3. Oliven grob hacken, Basilikum waschen, trocknen und fein schneiden. Die Suppe pürieren und mit Salz, Pfeffer, Süßstoff und Balsamico-Essig abschmecken. Mit Basilikum, Kapern und Oliven bestreuen.

Blitz-Brokkolicremesuppe

Für 2 Personen
Zubereitungszeit ca. 20 Minuten
Kalorienkiller: niedrige Energiedichte, Aminosäuren
Pro Portion ca. 110 kcal

1 kleine Zwiebel (30 g) | 1 Knoblauchzehe | 1 EL Rapsöl | 300 g TK-Brokkoli | 1/8 l entrahmte Milch (0,1 % Fett) | Jodsalz | Pfeffer

1. Zwiebel und Knoblauchzehe abziehen und fein würfeln. Das Öl erhitzen, Zwiebel- und Knoblauchwürfel darin glasig dünsten. Brok-koli und gut 1/4 Liter Wasser zugeben, den Brokkoli zugedeckt bei mittlerer Hitze etwa 15 Minuten auftauen und garen.
2. Die Milch zugeben und die Suppe pürieren. Mit Salz und Pfeffer abschmecken.

Tipp: Diese Suppe ist auch nach einem langen Arbeitstag blitzschnell zubereitet. Noch schneller geht's, wenn Sie tiefgefrorene Zwiebel- und Knoblauchwürfel verwenden.

Sauerkrautsuppe

Für 2 Personen
Zubereitungszeit ca. 35 Minuten
Kalorienkiller: Ballaststoffe, Vitamin C, Sauerkraut
Pro Portion ca. 210 kcal

1 Scheibe Ananas (frisch oder aus der Dose) | 1 Schalotte (20 g) | 125 g Kartoffeln | 500 g Sauerkraut | 2 EL Rosinen | 1 TL Rapsöl | 1/2 l Gemüsebrühe | 1/2 TL Honig | Jodsalz | weißer Pfeffer | Paprikapulver | Cayennepfeffer | Curry | 100 g Magerquark | 3 Stengel Petersilie

1. Ananas in Stückchen schneiden, die Schalotte abziehen und fein würfeln. Kartoffeln schälen und in mundgerechte Würfel schneiden.
2. Sauerkraut, Rosinen, Ananasstücke und Schalottenwürfel in Rapsöl scharf anbraten, Kartoffelwürfel zugeben und mit der Gemüsebrühe ablöschen. Zugedeckt bei mittlerer Hitze etwa 20 Minuten garen. Die Suppe mit Honig und den Gewürzen abschmecken.
3. Quark mit etwas Wasser glatt rühren und unter die Suppe rühren, nicht mehr kochen. Mit grob gehackter Petersilie garniert servieren.

Tipp: **Die Suppe gelingt auch mit Apfel- oder Birnenwürfeln sehr schmackhaft.**

Deftige Linsensuppe

Für 2 Personen
Zubereitungszeit ca. 45 Minuten
Kalorienkiller: Ballaststoffe, Harzer Käse, Chrom, hohe Viskosität, niedriger Glyx
Pro Portion ca. 300 kcal

1 kleines Bund Suppengrün (350 g) | 1/2 Kohlrabi (150 g) | 200 g Kartoffeln | 1 rote Zwiebel (50 g) | 1 Knoblauchzehe | 1 TL Rapsöl | 400 ml Gemüsebrühe | 400 g Linsen (aus der Dose) | 1 TL scharfer Senf | 1 EL Tomatenmark | 1/2 TL Honig | 1 EL Kapern | 100 g Harzer Käse | Jodsalz | schwarzer Pfeffer | Piment | je 1/4 Bund Petersilie und Schnittlauch

1. Das Suppengrün waschen. Möhren und Sellerie schälen und würfeln, den Porree putzen und in Ringe schneiden. Kohlrabi und Kartoffeln schälen und ebenfalls würfeln. Zwiebel und Knoblauch abziehen und fein würfeln.
2. Öl erhitzen und das Gemüse, bis auf die Porreeringe, andünsten. Mit Gemüsebrühe ablöschen und etwa 15 Minuten garen. Den Porree zugeben und weitere 5 Minuten kochen.
3. Linsen, Senf, Tomatenmark, Honig und Kapern in die Suppe rühren, den Käse würfeln und in der Suppe schmelzen. Mit Salz, Pfeffer und Piment abschmecken.
4. Petersilie grob hacken, Schnittlauch in Röllchen schneiden und über die Suppe streuen.

Tipp: **Für den großen Hunger: Servieren Sie frische Vollkornbrötchen zur Suppe.**

Asiatische Fischsuppe

Für 2 Personen
Zubereitungszeit ca. 50 Minuten
Kalorienkiller: Jod, Zink, Ingwer, Proteine, Wasser
Pro Portion ca. 295 kcal

400 g Kabeljau | 1 EL Limettensaft | Jodsalz | asiatische Gewürzmischung | 1 TL Sesamöl | 150 g Lauch | 200 g Möhren | 1 Knoblauchzehe | 1 Zwiebel (50 g) | 1 cm frischer Ingwer | 50 g Litschi (frisch oder aus der Dose) | 400 ml Fischbrühe (oder Gemüsebrühe) | 1 Stengel Zitronengras | 6 EL Kokosmilch | Pfeffer | 100 g Bambussprossen (aus der Dose) | je 2 Stengel Koriander und Petersilie

1. Fischfilet würfeln, salzen und mit Limettensaft beträufeln. In 1/2 Teelöffel Öl etwa 4 Minuten braten. Mit der Gewürzmischung würzen, beiseitestellen.
2. Das Gemüse putzen, Möhren schälen und in Stifte, Porree in Ringe schneiden. Knoblauch und Zwiebel abziehen und würfeln, Ingwer schälen und fein hacken. Litschis schälen oder abtropfen lassen, das Fruchtfleisch in Streifen schneiden.
3. Gemüse, Zwiebeln, Knoblauch und Ingwer kurz im restlichen Öl anbraten, Brühe zugießen und das Zitronengras dazugeben. 15 Minuten kochen.
4. Die Suppe mit Kokosmilch und den Gewürzen abschmecken, das Zitronengras entfernen. Fisch, Litschis und Bambussprossen in der Suppe erhitzen, mit den Kräutern bestreut servieren.

Mediterrane Gemüsesuppe

Für 2 Personen
Zubereitungszeit ca. 40 Minuten
Kalorienkiller: Ballaststoffe, niedriger Glyx, niedrige Energiedichte
Pro Portion ca. 170 kcal

500 g Fleischtomaten | 300 g bunte Paprika | 125 g Zucchini | 1/2 Aubergine (100 g) | 1 Zwiebel (50 g) | 1 Knoblauchzehe | 1 TL Rapsöl | 1 EL Tomatenmark | 1/2 TL Honig | 350 ml Gemüsebrühe | Thymian | Basilikum | Oregano | Rosmarin | Jodsalz | bunter Pfeffer | 1/2 TL Balsamico-Essig | 1/4 Bund Petersilie | 2 EL Kapern

1. Das Gemüse waschen, putzen und in mundgerechte Stücke schneiden. Zwiebel und Knoblauch abziehen und fein würfeln.
2. Das Öl erhitzen, Gemüse, Zwiebeln und Knoblauch kräftig anbraten. Tomatenmark und Honig zugeben und mit Gemüsebrühe ablöschen. Zugedeckt bei mittlerer Hitze etwa 15 Minuten kochen.
3. Mit getrockneten Kräutern, Gewürzen und Balsamico-Essig abschmecken, mit fein geschnittener Petersilie und Kapern bestreut servieren.

Powersalate

Hot-Taco-Salat
mit scharfem Käsedip (Foto)

Für 2 Personen
Zubereitungszeit ca. 30 Minuten
Kalorienkiller: Proteine, Capsaicin, CLA, Jod, niedriger Glyx
Pro Portion ca. 380 kcal

1 grüne Paprikaschote (200 g) | 1 rote Zwiebel | (50 g) | 200 g Beefsteakhack (Tatar) | 100 g Hot-Chili-Sauce (Feinkostsauce aus der Flasche) | 1/8 l entrahmte Milch (0,1 % Fett) | 100 g Mager-Kochkäse | Tabasco | Cayennepfeffer | 100 g Eisbergsalat | 150 g Tomaten | 50 g Taco-Chips

1. Paprika waschen, putzen und in mundgerechte Stücke schneiden. Zwiebel abziehen und fein würfeln. Zwiebelwürfel, Paprika und Beefsteakhack in einer beschichteten Pfanne ohne Fett bei mittlerer Hitze braten, bis das Hackfleisch krümelig gegart ist. Hot-Chili-Sauce unterrühren und abkühlen lassen.
2. Milch erhitzen und den Kochkäse darin bei kleiner Hitze auflösen, mit Tabasco und Cayennepfeffer pikant abschmecken, abkühlen lassen.
3. Den Eisbergsalat waschen, trocknen, in mundgerechte Stücke zupfen und in eine Salatschüssel geben. Die Tomaten waschen und in Spalten schneiden, auf dem Rand des Salates verteilen.
4. Die Hackfleischsauce in die Mitte der Schüssel geben und die Käsesauce darauf verteilen. Die Chips zum Dippen dazu reichen.

Harzer-Käse-Salat

Für 2 Personen
Zubereitungszeit ca. 20 Minuten
+ Zeit zum Marinieren
Kalorienkiller: Harzer Käse, Aminosäuren, feste Speise, niedriger Glyx
Pro Portion ca. 170 kcal

150 g Harzer Käse | 1/2 Gemüsezwiebel (100 g) | 1 EL Sherry-Essig | Jodsalz | schwarzer Pfeffer | 1/2 TL Honig | 1 TL scharfer Senf | 1 TL Rapsöl | 100 g Spitzkohl | 250 g Gurke | 1 Paprikaschote (rot oder gelb, 200 g) | 50 g Gewürzgurken | 1/4 Bund Schnittlauch

1. Harzer Käse und abgezogene Gemüsezwiebel würfeln und mit Sherry-Essig, Salz, Pfeffer und Honig über Nacht marinieren.
2. Die Marinade abgießen und mit Senf und Rapsöl vermischen.
3. Spitzkohl putzen und in feine Streifen schneiden, Gurke schälen, Paprika putzen, beides in Stifte schneiden. Gewürzgurken würfeln. Gemüse mit Käse und Marinade mischen und den Salat mit Schnittlauchröllchen bestreut servieren.

Tipp: Die Spitzkohlsaison ist kurz. Wenn Sie keinen bekommen, können Sie ebenso gut Eisbergsalat, Chinakohl oder Chicorée verwenden.

Roher Spargelsalat

Für 2 Personen
Zubereitungszeit ca. 20 Minuten
**Kalorienkiller: niedrige Energiedichte,
niedriger Glyx**
Pro Portion ca. 150 kcal

*500 g weißer Spargel | 1 unbehandelte Limette |
2 TL Honig | Jodsalz | Pfeffer | 1 EL Rapsöl |
200 g Kirschtomaten | 1/2 Bund frischer Kerbel*

1. Spargel schälen, die holzigen Enden abschneiden und die Spargelstangen bis 4 cm vor den Köpfen schräg in 1/2 cm dünne Scheiben schneiden. Spargelköpfe längs halbieren.
2. Limette heiß waschen, trocknen und die Schale abreiben. 3 Esslöffel Limettensaft auspressen. 3 Esslöffel Wasser mit Limettensaft und -schale, Honig, Salz und Pfeffer verrühren. Das Öl unterrühren und die Marinade mit dem Spargel mischen.
3. Kirschtomaten waschen, vierteln und unter den Spargel heben. Blättchen von den Kerbelstielen zupfen, grob hacken und über den Salat streuen.

Apfel-Linsen-Salat mit Schafskäse

Für 2 Personen
Zubereitungszeit ca. 1 Stunde 10 Minuten
+ Einweichzeit
**Kalorienkiller: Ballaststoffe, feste Speise,
Pyruvat, Chrom**
Pro Portion ca. 300 kcal

*100 g Linsen | Lorbeerblatt | Nelkenpulver |
Thymian | Bohnenkraut | 1 kleine Zwiebel (30 g) |
1 rote Paprikaschote (200 g) | 1 EL Rapsöl |
1 TL Senf | 1 EL Essig | Jodsalz | Pfeffer | Paprika-
pulver | 1 Apfel (200 g) | 1/2 Bund Schnittlauch |
40 g Schafskäse (45 % Fett i. Tr.)*

1. Linsen über Nacht einweichen. Am nächsten Tag in 1/2 Liter Wasser mit Lorbeerblatt, Nelkenpulver, Thymian und Bohnenkraut 30 bis 40 Minuten zugedeckt bei mittlerer Hitze kochen. Die Linsen abgießen und in einer Schüssel auskühlen lassen.
2. Zwiebel abziehen, Paprikaschote waschen, halbieren und entkernen. Beides in kleine Würfel schneiden.
3. Öl, Senf und Essig zu einem Dressing verrühren, mit Salz, Pfeffer und Paprikapulver kräftig würzen. Apfel waschen und mit der Schale direkt in das Dressing raspeln.
4. Linsen, Zwiebeln und Paprikaschoten unter das Dressing heben. Eventuell 10 Minuten durchziehen lassen. Mit Schnittlauchröllchen und dem grob zerbröckelten Schafskäse bestreuen.

Tipp: Schneller geht's mit gegarten Linsen aus der Dose.

Möhrensalat mit Ingwer-Dressing

Für 2 Personen
Zubereitungszeit ca. 10 Minuten
Kalorienkiller: Ingwer, niedriger Glyx, Jod
Pro Portion ca. 200 kcal

300 g Möhren | 2 Frühlingszwiebeln | 2 cm frischer Ingwer | 1/2 Bund Koriander | 3 EL Orangensaft | 2 EL Apfelessig | 15 g gehackte Walnüsse | Jodsalz | Pfeffer | 1 EL Walnussöl

1. Möhren waschen, schälen und raspeln. Frühlingszwiebeln waschen, putzen und in schmale Ringe schneiden.
2. Ingwer schälen und grob hacken. Den Koriander waschen und grob hacken. Ingwer, Koriander, Orangensaft, Essig, Nüsse, Salz, Pfeffer und Öl mit dem Mixstab fein pürieren. Dressing mit den Möhren gründlich vermischen.

Mediterraner Reissalat

Für 2 Personen
Zubereitungszeit ca. 35 Minuten
Kalorienkiller: Ballaststoffe, Pyruvat, Magnesium
Pro Portion ca. 400 kcal

100 g Langkornreis | Jodsalz | 200 g Kidneybohnen (aus der Dose) | 200 g weiße Riesenbohnen (aus der Dose) | 100 g Tomaten | 150 g Gurke | 1/4 Bund Petersilie | 2 EL Weißweinessig | Pfeffer | Zucker | 1 EL Rapsöl

1. Reis in Salzwasser zugedeckt 20 Minuten bei schwacher Hitze kochen. Abgießen und abkühlen lassen.
2. Beide Bohnensorten in ein Sieb geben, abspülen und abtropfen lassen. Tomaten waschen, vierteln, Stielansatz herausschneiden und das Fruchtfleisch würfeln. Gurke waschen und in kleine Würfel schneiden. Petersilie waschen, trocknen und fein schneiden.
3. Aus Essig, Salz, Pfeffer, 1 Prise Zucker und Öl ein Dressing herstellen und über die vorbereiteten Zutaten gießen. Den Salat gut vermengen und eventuell 10 Minuten durchziehen lassen.

Tipp: Dieser Salat eignet sich hervorragend, um ihn bis zu 1 Tag im Voraus zuzubereiten.

Spinat-Apfel-Salat

Für 2 Personen
Zubereitungszeit ca. 15 Minuten
Kalorienkiller: Pektin, Pyruvat
Pro Portion ca. 200 kcal

*250 g Blattspinat | 15 g gehackte Walnüsse |
1 Knoblauchzehe | Kreuzkümmel | Koriander-
samen | Jodsalz | Pfeffer | 2 EL Limettensaft |
1 EL Honig | 1 EL Walnussöl | 1 Apfel*

1. Den Spinat putzen, waschen und trocken
   schleudern. Die Nüsse in einer beschichteten
   Pfanne ohne Fettzugabe anrösten, bis sie duften. Auf einen Teller schütten und abkühlen
   lassen.
2. Den Knoblauch abziehen und fein hacken.
   Knoblauch und Gewürze mit Limettensaft,
   Honig und Öl verrühren.
3. Apfel waschen, das Kerngehäuse herausschneiden, das Fruchtfleisch in schmale Spalten schneiden. Apfelspalten und Spinat unter
   das Dressing heben. Mit den gehackten Nüssen bestreuen.

Rotkohlsalat Bangkok

Für 2 Personen
Zubereitungszeit ca. 40 Minuten
Kalorienkiller: Vitamin C, Ballaststoffe
Pro Portion ca. 260 kcal

*300 g Rotkohl | Jodsalz | Pfeffer | 1 EL Zucker |
1 TL Zitronensaft | 1 EL Erdnussbutter | 1 EL Raps-
öl | 1/2 vollreife Mango (200 g) | 1/2 Bund Korian-
dergrün | 1 TL Sesam*

1. Kohl putzen und vierteln. Strunk herausschneiden und den Kohl in feine Streifen
   schneiden. In einer Schüssel mit etwas Salz,
   Pfeffer und Zucker vermengen und kräftig
   kneten.
2. Zitronensaft, Erdnussbutter und Öl verrühren, über den Kohl geben und unterheben.
3. Mango schälen, zuerst in Scheiben vom Stein,
   dann in Streifen schneiden. Koriandergrün
   grob hacken und mit der Mango unter den
   Kohl mischen.
4. Salat 15 Minuten ziehen lassen und mit Salz
   und Pfeffer abschmecken. Sesam in einer
   Pfanne ohne Fettzugabe anrösten und über
   den Salat streuen.

Tipp: Durch das Kneten des Kohls wird
die Rohkost etwas weicher, ohne ihre
Knackigkeit zu verlieren.

Exotisches Dressing

Für 2 Personen
Zubereitungszeit ca. 5 Minuten
Kalorienkiller: Ingwer, Capsaicin
Pro Portion ca. 55 kcal

*1/2 Bund Koriandergrün | 1 cm frischer Ingwer |
1 rote Chilischote | 100 ml Sojasauce | 1 EL brauner
Zucker | 5 EL Zitronensaft*

1. Koriander waschen, Blättchen abzupfen und fein schneiden. Ingwer schälen und fein reiben. Chilischote längs halbieren, entkernen und fein hacken. Achtung: Nach dem Chilischneiden Hände gut waschen.
2. Sojasauce mit Zucker, Zitronensaft, Koriander, Chili und Ingwer verrühren.

Tipp: Verwenden Sie dieses Dressing zum Beispiel für einen asiatischen Reissalat mit Ananas, für Chinakohl- oder Sojasprossensalate.

Orangen-Vinaigrette

Für 2 Personen
Zubereitungszeit ca. 15 Minuten
Kalorienkiller: Vitamin C, Magnesium
Pro Portion ca. 135 kcal

*200 ml Orangensaft (ohne Zuckerzusatz) | 1 TL mittelscharfer Senf | 2 EL Rapsöl | Jodsalz | Pfeffer
4 Stengel Basilikum*

1. Orangensaft ca. 10 Minuten bei starker Hitze auf die Hälfte einkochen lassen. Orangensaft und Senf verrühren und das Öl mit einem Schneebesen darunterschlagen.
2. Die Vinaigrette mit Salz und Pfeffer würzen. Basilikumzweige waschen, trocknen, die Blättchen abzupfen, fein schneiden und unter die Vinaigrette rühren.

Tipp: Wer Öl einsparen möchte, reduziert die Ölmenge auf 1 Teelöffel und verwendet stattdessen zusätzlich 2 Esslöffel Buttermilch. Das Dressing passt zu allen Sorten an Blatt- und Rohkostsalaten.

Vegetarische Gerichte

Fleischtomate mit Hüttenkäsefüllung (Foto)

Für 2 Personen
Zubereitungszeit ca. 60 Minuten
Kalorienkiller: Ballaststoffe, Proteine, Kalzium, Aminosäuren
Pro Portion ca. 275 kcal

4 Fleischtomaten (1 kg) | Jodsalz | 1 Möhre (80 g) | 1 Bund Petersilie | 250 g Hüttenkäse (Magerstufe) | 2 TL Meerrettich | bunter Pfeffer | grüne Pfefferkörner | 100 g Mager-Kochkäse | 1/2 Bund Schnittlauch

1. Fleischtomaten waschen, aushöhlen und innen salzen. Möhre schälen und raspeln, Petersilie waschen und fein schneiden. Hüttenkäse mit Möhrenraspeln, Petersilie und Meerrettich verrühren und mit Salz, Pfeffer und einigen grob gehackten grünen Pfefferkörnern würzen und in die Tomaten füllen.
2. Die gefüllten Tomaten auf ein mit Backpapier belegtes Backblech legen und im vorgeheizten Backofen bei 180 °C etwa 20 Minuten backen. Kochkäse auf den Tomaten verteilen und kurz im Backofen schmelzen lassen.
3. Schnittlauch waschen und in Röllchen schneiden, die Tomaten damit bestreuen.

Tipp: Als vegetarisches Hauptgericht dürfen es schon 2 Tomaten pro Person sein. Als Beilage, zum Beispiel zu Lammfilet und Vollkornnudeln, reicht dieses Rezept für vier.

Gurkengemüse mit Kräuterquark

Für 2 Personen
Zubereitungszeit ca. 40 Minuten
Kalorienkiller: Ballaststoffe, niedriger Glyx, Pellkartoffeln, feste Speise, Proteine
Pro Portion ca. 280 kcal

400 g Pellkartoffeln | Jodsalz | 500 g Gurke oder Zucchini | 1 Schalotte (20 g) | 1 TL Rapsöl | 1/2 TL Honig | Pfeffer | 1 Bund Dill | 200 g Magerquark | 3–4 EL Mineralwasser mit Kohlensäure | 1/2 cm frischer Ingwer | 1 Knoblauchzehe | 1 Bund Petersilie | 1 Bund Schnittlauch | bunter Pfeffer | Cayennepfeffer

1. Pellkartoffeln etwa 20 Minuten bei mittlerer Hitze in Salzwasser garen.
2. Gurke waschen und in Scheiben schneiden. Die Schalotte abziehen, fein würfeln und in heißem Öl glasig dünsten. Honig dazugeben, die Gurkenscheiben kurz mitbraten, mit Salz, Pfeffer und der Hälfte des gehackten Dills abschmecken. Die Gurken abgedeckt beiseitestellen.
3. Magerquark mit Mineralwasser cremig rühren. Den Ingwer schälen und fein reiben, Knoblauch abziehen und durch die Knoblauchpresse drucken. Die Petersilie fein hacken, 2 Esslöffel beiseitestellen, Schnittlauch in Röllchen schneiden. Quark mit Knoblauch, Ingwer und Kräutern verrühren, mit Salz, Pfeffer und Cayennepfeffer abschmecken.
4. Pellkartoffeln abgießen, pellen und in der restlichen Petersilie wälzen. Zusammen mit Gurkengemüse und Kräuterquark servieren.

Pellkartoffelpfanne

Für 2 Personen
Zubereitungszeit ca. 45 Minuten
Kalorienkiller: Pellkartoffeln, feste Speise, Kalzium, Capsaicin, Ballaststoffe
Pro Portion ca. 345 kcal

500 g kleine Kartoffeln | 1 rote Zwiebel (50 g) | 1 Knoblauchzehe | 1 TL Rapsöl | 80 g gekochter Schinken | 150 g Harzer mit Kümmel | 3 Stengel Petersilie | 1 TL milder Senf | Jodsalz | bunter Pfeffer | Cayennepfeffer

1. Kartoffeln ungeschält etwa 20 Minuten bei mittlerer Hitze in Salzwasser garen. Kartoffeln abgießen, pellen, abkühlen lassen und in Scheiben schneiden.
2. Zwiebel und Knoblauch abziehen und würfeln. Zwiebel, Knoblauch und Kartoffelscheiben in einer beschichteten Pfanne im heißen Öl kräftig anbraten. Den Schinken würfeln. Schinkenwürfel und den Senf unter die Kartoffelpfanne mischen und kurz erhitzen. Harzer Käse würfeln und in der Pfanne schmelzen. Die Pellkartoffelpfanne mit Salz, Pfeffer und Cayennepfeffer herzhaft abschmecken.

Tipp: Noch besser (und schneller) gelingt die Pfanne, wenn Sie Pellkartoffeln vom Vortag verwenden. Die Kartoffeln enthalten nicht mehr so viel Wasser und zerfallen in der Pfanne nicht so leicht.

Pellkartoffeln mit Kräuterhüttenkäse

Für 2 Personen
Zubereitungszeit ca. 35 Minuten
Kalorienkiller: Pellkartoffeln, Probiotika, Aminosäuren, Kalzium
Pro Portion ca. 305 kcal

400 g kleine Kartoffeln | Jodsalz | 1 Gurke (500 g) | 1/4 Bund Dill | 150 g probiotischer Naturjoghurt (0,1 % Fett) | 2 EL Zitronensaft | Pfeffer | flüssiger Süßstoff | 100 g Zucchini | 1 Bund Basilikum | 250 g Hüttenkäse (Magerstufe)

1. Kartoffeln ungeschält etwa 20 Minuten bei mittlerer Hitze in Salzwasser garen.
2. Gurke waschen und in dünne Scheiben schneiden oder hobeln. Dill waschen, trocknen und fein schneiden. Joghurt mit Zitronensaft und Dill verrühren, mit Salz, Pfeffer und wenig Süßstoff abschmecken. Die Joghurtsauce unter die Gurken heben.
3. Zucchini waschen, putzen und grob raspeln. Basilikum waschen, trocknen und fein schneiden. Beides unter den Hüttenkäse heben und mit Salz und Pfeffer abschmecken.
4. Pellkartoffeln abgießen, pellen und mit Hüttenkäse anrichten. Den Gurkensalat in Schälchen füllen.

Pellkartoffelsalat

Für 2 Personen
Zubereitungszeit ca. 45 Minuten
**Kalorienkiller: Pellkartoffeln, Ballaststoffe,
feste Speise**
Pro Portion ca. 255 kcal

*400 g kleine Kartoffeln | Jodsalz | 300 g bunte
Paprikaschoten | 1/2 Gurke | 1 kleine Möhre
(60 g) | 2 Schalotten (40 g) | 1 TL Rapsöl |
3–4 EL Gemüsebrühe | 1 EL Weißweinessig |
1/2 TL Senf | 1 TL Kapern | weißer Pfeffer | flüssiger
Süßstoff | 1/2 Bund Petersilie | 1 kleine rote
Zwiebel (30 g)*

1. Kartoffeln ungeschält etwa 20 Minuten bei
   mittlerer Hitze in Salzwasser garen. Kartoffeln abgießen, pellen, abkühlen lassen und in
   Scheiben schneiden.
2. Paprika waschen, putzen und in feine Streifen, Gurke waschen und in Scheiben schneiden. Die Möhre schälen, in feine Streifen
   schneiden oder grob raspeln. Schalotten
   abziehen und fein würfeln.
3. Öl erhitzen, Zwiebeln und Möhren andünsten. Gemüsebrühe, Essig, Senf und Kapern
   dazugeben, mit Salz, Pfeffer und wenig Süßstoff abschmecken. Kartoffelscheiben mit
   Paprika und Gurke mischen und mit der
   noch warmen Sauce übergießen. 15 Minuten
   durchziehen lassen.
4. Mit gehackter Petersilie und fein geschnittenen Zwiebelringen bestreuen.

Tipp: Wenn es mal nicht vegetarisch sein
soll, passen Geflügelwürstchen oder -frika-
dellen zum Kartoffelsalat.

Pellkartoffelauflauf

Für 2 Personen
Zubereitungszeit ca. 60 Minuten
**Kalorienkiller: Ballaststoffe, Proteine,
Pellkartoffeln, feste Speise**
Pro Portion ca. 310 kcal

*400 g kleine Kartoffeln | Jodsalz | 1/2 Gemüsezwie-
bel (100 g) | 1 Knoblauchzehe | 1 TL Rapsöl |
je 1/4 Bund Dill, Petersilie und Schnittlauch |
400 g Spinat | 250 g Tomaten | 100 g Harzer Käse
mit Schimmel | weißer Pfeffer | Muskat | Majoran*

1. Kartoffeln ungeschält etwa 20 Minuten bei
   mittlerer Hitze in Salzwasser garen. Kartoffeln abgießen, pellen, abkühlen lassen und in
   Scheiben schneiden.
2. Zwiebel und Knoblauch abziehen, die Zwiebel in dünne Scheiben schneiden und zusammen mit dem durchgepressten Knoblauch im
   heißen Öl glasig dünsten. Die Kräuter
   waschen, fein schneiden, den Schnittlauch in
   Röllchen schneiden und mit den Zwiebeln
   mischen.
3. Spinat waschen und trocknen, Tomaten
   waschen und in Scheiben schneiden, den
   Harzer Käse ebenfalls in Scheiben schneiden.
4. In eine Auflaufform die Hälfte der Pellkar-
   toffelscheiben legen. Zuerst Zwiebel-Kräuter-
   Knoblauch-Masse darauf verteilen, Spinat,
   die zweite Hälfte Kartoffelscheiben, Harzer
   Käse und Tomaten einschichten. Mit Salz,
   Pfeffer, Muskat und Majoran würzen und im
   vorgeheizten Backofen bei 180 °C abgedeckt
   40 Minuten backen.

Paprika mit Käsefüllung

Für 2 Personen
Zubereitungszeit ca. 50 Minuten
Kalorienkiller: Ballaststoffe, Kalzium
Pro Portion ca. 175 kcal

25 g Weizen | 1/8 l Gemüsebrühe | 1 kleine rote Zwiebel (30 g) | 2 Knoblauchzehen | 1 TL Rapsöl | 1/2 Bund Schnittlauch | 50 g Hüttenkäse (Magerstufe) | Jodsalz | bunter Pfeffer | Paprikapulver | Curry | 2 Paprikaschoten (400 g) | 1/2 Bund Petersilie

1. Weizen in Gemüsebrühe in 30 Minuten bissfest garen und abgießen.
2. Zwiebel und Knoblauchzehen abziehen und würfeln, im heißen Öl kräftig anbraten. Schnittlauchröllchen, Weizen und Hüttenkäse dazugeben und mit Salz, Pfeffer, Paprikapulver und Curry kräftig würzen.
3. Paprikaschoten waschen, den Deckel abschneiden, die Paprikaschoten aushöhlen und die Hüttenkäsemischung einfüllen. Die Schoten in eine Auflaufform stellen (eventuell den Boden der Paprikaschoten glatt schneiden, damit sie aufrecht stehen) und im vorgeheizten Backofen bei 180 °C etwa 30 Minuten backen. Mit gehackter Petersilie bestreut servieren.

Tipp: **Garen Sie Getreide auf Vorrat, es hält sich gut verpackt im Kühlschrank etwa 1 Woche frisch.**

Gefüllte Zucchini

Für 2 Personen
Zubereitungszeit ca. 50 Minuten
Kalorienkiller: Ballaststoffe, CLA, Magnesium, Proteine
Pro Portion ca. 420 kcal

100 g Naturreis | Jodsalz | 3 Zucchini (600 g) | 1 rote Paprikaschote (200 g) | 1 Zwiebel (50 g) | 1 Knoblauchzehe | 2 TL Olivenöl | weißer Pfeffer | 200 g Mager-Kochkäse | 100 ml entrahmte Milch (0,1 % Fett) | 2 EL frische Kräuter (Oregano, Basilikum, Thymian)

1. Reis nach Packungsanleitung in Salzwasser zubereiten, abgießen und abtropfen lassen.
2. Zucchini und Paprika waschen und putzen. 2 Zucchini längs halbieren, aushöhlen und in kochendem Wasser etwa 4 Minuten blanchieren. Abtropfen lassen.
3. Paprika und die restliche Zucchini würfeln, Zwiebel und Knoblauchzehe abziehen und ebenfalls würfeln. Gemüsewürfel im Öl andünsten, den Reis unterheben. Die Gemüse-Reis-Mischung mit Salz und Pfeffer würzen. Zucchinihälften in eine Auflaufform legen und die Gemüse-Reis-Mischung einfüllen.
4. Kochkäse in der Milch bei geringer Hitze auflösen und über die Zucchini gießen. Kräuter darüberstreuen und die Zucchini im vorgeheizten Backofen bei 180 °C etwa 15 Minuten backen.

Kohlrabi-Kerbel-Gemüse

Für 2 Personen
Zubereitungszeit ca. 35 Minuten
Kalorienkiller: niedriger Glyx, niedrige Energiedichte
Pro Portion ca. 90 kcal

2 Kohlrabi (400 g) | 1/8 l Gemüsebrühe | 3 EL entrahmte Milch (0,1 % Fett) | 1 TL Speisestärke | Jodsalz | Pfeffer | 1/2 Bund frischer Kerbel

1. Kohlrabi waschen, schälen und in feine Stifte schneiden. Gemüsebrühe erhitzen und Kohlrabistifte darin zugedeckt bei mittlerer Hitze etwa 15 Minuten dünsten. Milch dazugießen und kurz aufkochen lassen. Stärke mit etwas kaltem Wasser anrühren, in die kochende Flüssigkeit gießen und 1 Minute unter ständigem Rühren kochen lassen. Mit Salz und Pfeffer würzen.
2. Kerbel waschen, trocknen, Blättchen abzupfen und unter das Kohlrabigemüse mischen.

Tipp: **Nach diesem Grundrezept könne Sie verschiedene cremige Gemüseköstlichkeiten zaubern. Versuchen Sie auch Möhren mit Schnittlauch, Wirsing mit Kümmel, Champignons mit Petersilie oder Spargel mit Kresse.**

Harzer Soufflé

Für 2 Personen
Zubereitungszeit ca. 45 Minuten
Kalorienkiller: Kalzium, Lipamin, Cholin
Pro Portion ca. 215 kcal

40 g reifer Harzer Käse | 2 Eier | 1/8 l entrahmte Milch (0,1 % Fett) | Jodsalz | Pfeffer | 10 g Diätmargarine | 25 g Weizenmehl (Type 550) | Fett für die Förmchen | je 1/4 Bund Schnittlauch und Petersilie

1. Harzer Käse raspeln. Ein Ei trennen.
2. Milch, Salz, Pfeffer und Diätmargarine in einem Topf aufkochen, dann das Mehl hinzufügen. Mit einem Holzlöffel so lange rühren, bis sich ein Kloß bildet.
3. Den Topf vom Herd nehmen. 1 Ei unterrühren und den Teig in eine Schüssel geben. Nacheinander das Eigelb und den Harzer Käse unterrühren.
4. Eiweiß steif schlagen und unter die Käsemasse heben. Zwei Souffléeförmchen einfetten und die Masse einfüllen.
5. Im Wasserbad im vorgeheizten Ofen bei 150 °C etwa 20 Minuten garen. Aus den Förmchen stürzen und mit gehackter Petersilie und Schnittlauchröllchen bestreut servieren.

Gratinierte Linsen (Foto)

Für 2 Personen
Zubereitungszeit ca. 60 Minuten
Kalorienkiller: Pyruvat, feste Speise, Chrom
Pro Portion ca. 240 kcal

*2 Frühlingszwiebeln | 200 g Möhren | 125 g Berg-
linsen | 2 TL Rapsöl | 4 Haselnüsse | 2 Stiele Kori-
andergrün | 1 getrocknete Chilischote | Koriander |
Kreuzkümmel | Jodsalz | Pfeffer | 1–2 EL Balsamico-
Essig | 60 g Ziegenfrischkäse*

1. Frühlingszwiebeln waschen, putzen und in
   Ringe schneiden. Möhren schälen und fein
   würfeln. Linsen in einem Sieb kalt abspülen
   und gut abtropfen lassen.
2. Öl erhitzen, Frühlingszwiebeln und Möhren
   darin kurz andünsten, Linsen dazugeben
   und mit 3/4 Liter Wasser aufgießen. Aufkochen und zugedeckt bei mittlerer Hitze
   etwa 30 Minuten kochen.
3. Nüsse und Koriandergrün grob hacken und
   unter das Linsengemüse mischen. Mit zer-
   bröselter Chilischote, Koriander, Kreuzkümmel, Salz, Pfeffer und Essig würzen.
4. Das Gemüse in eine flache Auflaufform füllen und den Ziegenfrischkäse in Flöckchen
   daraufsetzen. Im vorgeheizten Backofen bei
   225 °C 5 bis 10 Minuten überbacken.

Tipp: **Die kleineren Vertreter der Linsen-
familie wie rote Linsen, Champagner- oder
Berglinsen brauchen Sie nicht einzuwei-
chen. Ihre Kochzeit ist ohnehin sehr kurz.**

Herbstliches Lauchgemüse

Für 2 Personen
Zubereitungszeit ca. 30 Minuten
Kalorienkiller: niedrige Energiedichte, Pektin
Pro Portion ca. 255 kcal

*15 g Walnusskerne | 1 große Stange Lauch
(ca. 400 g) | 1 Apfel (200 g) | 1 EL Rapsöl |
100 ml Apfelsaft | Jodsalz | Pfeffer | 2 Stengel
Petersilie*

1. Walnüsse in einer beschichteten Pfanne ohne
   Fettzugabe anrösten, bis sie duften. Abkühlen lassen und grob hacken.
2. Lauchstange der Länge nach halbieren und
   unter fließendem, kaltem Wasser gründlich
   waschen. Lauch in halbe Ringe schneiden
   und gut abtropfen lassen. Apfel waschen,
   vierteln, das Kerngehäuse entfernen und das
   Fruchtfleisch in Spalten schneiden.
3. 1/2 Esslöffel Öl erhitzen, Apfelspalten von
   jeder Seite 1 Minute anbraten, herausnehmen
   und beiseitestellen. Das restliche Öl erhitzen,
   Lauch andünsten, mit Apfelsaft ablöschen
   und zugedeckt bei mittlerer Hitze etwa
   5 Minuten dünsten.
4. Äpfel und Walnüsse unter das Gemüse
   heben, mit Salz und Pfeffer abschmecken
   und mit gehackter Petersilie bestreut
   servieren.

Tipp: **Eine köstliche Alternative zum
Lauch: 2 Bund knackige Frühlingszwiebeln.**

Erbsenpüree

Für 2 Portionen
Zubereitungszeit ca. 20 Minuten
Kalorienkiller: Ballaststoffe, hohe Viskosität
Pro Portion ca. 260 kcal

1–2 Knoblauchzehen | 1 kleine Zwiebel (30 g) |
1 EL Rapsöl | 400 g TK-Erbsen | Jodsalz | Pfeffer |
Zucker | 1 EL Zitronensaft

1. Knoblauchzehen und Zwiebel abziehen. Knoblauch in feine Scheiben schneiden, die Zwiebel würfeln.
2. Öl erhitzen und die Knoblauchscheiben darin bei mittlerer Hitze goldbraun anbraten. Knoblauch herausnehmen und auf Küchenpapier abtropfen lassen.
3. Zwiebel und Erbsen in das Bratfett geben und eine Minute anschwitzen. Mit Salz, Pfeffer und 1 Prise Zucker würzen. 3 Esslöffel Wasser und Zitronensaft dazugeben und etwa 5 Minuten zugedeckt bei mittlerer Hitze garen.
4. Die Erbsen in einem hohen Gefäß pürieren. Falls das Püree zu fest sein sollte, noch etwas Wasser zugeben, mit Salz und Pfeffer abschmecken und das Püree mit den Knoblauchscheibchen bestreut servieren.

Süßscharfer Duftreis

Für 2 Personen
Zubereitungszeit ca. 35 Minuten
Kalorienkiller: Capsaicin, Magnesium
Pro Portion ca. 320 kcal

150 g Ananas (aus der Dose) | 1 kleine Zwiebel
(30 g) | 1 Knoblauchzehe | 1 EL Rapsöl |
80 g Basmatireis | 200 ml Gemüsebrühe |
1 TL Sambal oelek | 1/2 EL Kokosflocken |
Jodsalz | Pfeffer

1. Ananas in Stückchen schneiden, Zwiebel und Knoblauchzehe abziehen und fein würfeln.
2. Öl in einem ofenfesten Topf erhitzen und Zwiebel- und Knoblauchwürfel darin glasig dünsten. Ananas und Reis zugeben und kurz mitdünsten. Gemüsebrühe und Sambal oelek unterrühren und aufkochen lassen. Im vorgeheizten Backofen bei 190 °C zugedeckt 20 Minuten garen.
3. Kokosflocken in einer beschichteten Pfanne ohne Fett goldbraun rösten. Den Reis mit Salz und Pfeffer abschmecken und mit den Kokosflocken bestreuen.

Tipp: Sambals (indische Chili-Pasten) sind dickflüssige Würzsaucen auf Chili-Basis. Je nach Rezept variieren die einzelnen Zubereitungen beträchtlich in ihrer Schärfe.

Linseneintopf Kreta

Für 2 Personen
Zubereitungszeit ca. 60 Minuten
+ Einweichzeit
Kalorienkiller: Ballaststoffe, Proteine, hohe Viskosität
Pro Portion ca. 160 kcal

75 g Linsen | 1/4 l Gemüsebrühe | 1 Zwiebel (50 g) | 1/2 Knoblauchzehe | 1 Tomate (60 g) | 1/2 Möhre (40 g) | 1 Stück Sellerie (50 g) | 1 TL Rapsöl | 2 EL Tomatenmark | Jodsalz | Pfeffer | Majoran | 60 g Feta (45 % Fett i. Tr.)

1. Die Linsen zwei Stunden in Wasser einweichen. Das Einweichwasser abgießen und die Linsen in Gemüsebrühe etwa 20 Minuten zugedeckt garen. Die Linsen mit der Brühe beiseitestellen.
2. Zwiebel und Knoblauch abziehen und fein würfeln. Tomate waschen, den Stielansatz herausschneiden und das Fruchtfleisch grob würfeln. Möhre und Sellerie schälen und in gleich große Würfel schneiden.
3. Öl erhitzen, Zwiebel und Knoblauch glasig dünsten. Möhren- und Selleriewürfel zugeben und zugedeckt etwa 15 Minuten garen. Tomatenwürfel, Tomatenmark und Linsen dazugeben und mit Salz, Pfeffer und Majoran herzhaft abschmecken. Den Feta in Würfel schneiden und unter die Linsen rühren.

Italienischer Handkäse

Für 2 Personen
Zubereitungszeit ca. 20 Minuten
Kalorienkiller: Aminosäuren, Proteine, Kalzium
Pro Portion ca. 190 kcal

je 50 g Auberginen und Zucchini | 2 Knoblauchzehen | 50 g Schalotten | 75 g Kirschtomaten | je 2 Stengel Thymian und Basilikum | 4 Oliven (grün und schwarz) | 1/2 EL Olivenöl | 2 EL Essig (z. B. Basilikum-Essig) | Jodsalz | Pfeffer | 125 g Handkäse mit Kümmel

1. Aubergine und Zucchini putzen und würfeln. Knoblauch und Schalotten abziehen. Knoblauch fein hacken, Schalotten in feine Ringe schneiden. Tomaten waschen und in Scheiben schneiden, Thymianblättchen von den Zweigen zupfen, Basilikumblättchen fein schneiden, Oliven in Scheiben schneiden.
2. Das Öl erhitzen, Gemüsewürfel, Schalotten und Knoblauch 5 Minuten dünsten. Tomaten, Kräuter und Oliven zugeben, Essig unterrühren und mit Salz und Pfeffer würzen.
3. Den Käse in Scheiben schneiden und die Gemüsemischung darauf verteilen.

Tipp: Zum Italienischen Handkäse passt frisch getoastetes Vollkornbrot. Achtung Olivenliebhaber: Schwarze Oliven enthalten mehr als doppelt so viele Kalorien wie grüne!

Rezepte mit Fisch & Fleisch

Feuergarnelen

Für 2 Personen
Zubereitungszeit ca. 20 Minuten
+ eventuell Auftauzeit
Kalorienkiller: Capsaicin, Jod
Pro Portion ca. 240 kcal

150 g frische oder TK-Garnelen (ohne Schale) | 3 Lauchzwiebeln | 300 g weißer Rettich | 1 rote Chilischote | 1 EL Sesamöl | 1 TL Honig | 3 EL Sojasauce | 2 TL Sesam

1. Garnelen eventuell auftauen lassen, waschen und trocken tupfen. Lauchzwiebeln waschen, putzen und schräg in Ringe schneiden. Rettich schälen und in dünne Scheibchen schneiden oder hobeln.
2. Chilischote waschen und mit den Kernen fein hacken. Achtung: Nach dem Chilischneiden Hände unbedingt gut waschen.
3. Öl erhitzen, Lauchringe, Rettich, Garnelen und Chili etwa 3 Minuten bei mittlerer Hitze braten. Mit Honig und Sojasauce würzen, mit Sesam bestreuen.

Tipp: **Genießen Sie zu diesem Gericht Reisnudeln – sie sind blitzschnell gar.**

Seelachs und Fenchel in Senfsauce

Für 2 Personen
Zubereitungszeit ca. 35 Minuten
Kalorienkiller: Proteine, Aminosäuren, Jod
Pro Portion ca. 254 kcal

500 g Fenchel | 300 g Seelachsfilet | 1 EL Zitronensaft | Jodsalz | Pfeffer | 1/4 Bund Dill | 2 TL Rapsöl | 1/8 l Gemüsebrühe | 2 EL entrahmter Naturjoghurt (0,1 % Fett) | 2 EL mittelscharfer Senf | 1 TL Mehl | flüssiger Süßstoff | 2 Zitronenachtel

1. Fenchel putzen und in Scheiben schneiden. Seelachs waschen, trocken tupfen, mit Zitronensaft beträufeln und mit Salz und Pfeffer würzen. Dill waschen, trocknen und fein schneiden.
2. 1 Teelöffel Öl erhitzen, den Fenchel darin kurz andünsten. Mit der Gemüsebrühe ablöschen und zugedeckt bei mittlerer Hitze 10 bis 15 Minuten garen. Den Fenchel mit einem Schaumlöffel herausnehmen.
3. Joghurt, Senf und Mehl verrühren und in die Brühe einrühren. Einmal aufkochen und mit Salz, Pfeffer und wenig Süßstoff abschmecken. Den Fenchel wieder in die Sauce geben und warm halten.
4. Das restliche Öl in einer beschichteten Pfanne erhitzen und den Seelachs darin von beiden Seiten etwa 3 Minuten braten.
5. Fenchelgemüse und Seelachs auf Tellern anrichten, mit Dill bestreuen. Die Zitronenachtel dazulegen, so dass jeder den Fisch nach Geschmack säuern kann.

Seelachspäckchen aus dem Backofen

Für 2 Personen
Zubereitungszeit ca. 35 Minuten
Kalorienkiller: Jod, Pellkartoffeln, feste Speise
Pro Portion ca. 293 kcal

300 g Seelachsfilet | Jodsalz | Cayennepfeffer | 100 g Frühlingszwiebeln | 2 TL Öl | 2 EL Zitronensaft | 400 g kleine Kartoffeln | 250 g Kirschtomaten an zwei Rispen | 1 EL gehackte Petersilie

1. Fisch waschen, trocken tupfen und mit Salz und Cayennepfeffer würzen. Frühlingszwiebeln waschen, putzen und in Ringe schneiden. Zwei Bogen Backpapier dünn mit Öl bestreichen, den Fisch darauflegen und Frühlingszwiebeln darüberstreuen, Zitronensaft darüberträufeln.
2. Päckchen falten und gut zubinden oder die Enden zudrehen. Den Fisch im vorgeheizten Backofen bei 200 °C 15 bis 20 Minuten garen.
3. Kartoffeln ungeschält etwa 20 Minuten in Salzwasser garen.
4. Tomaten an den Rispen lassen, waschen und trocken tupfen. Das restliche Öl in einer beschichteten Pfanne erhitzen und die Tomaten 3 bis 4 Minuten braten, bis sie leicht aufplatzen.
5. Fisch auswickeln, Kartoffeln abgießen und pellen. Zusammen mit den Tomaten anrichten und mit gehackter Petersilie bestreut servieren.

Tipp: Wer mag, gibt ein paar Scheibchen Knoblauch mit in die Fischpäckchen.

Seelachs-Gurken-Pfanne mit Ingwerjoghurt

Für 2 Personen
Zubereitungszeit ca. 35 Minuten
Kalorienkiller: Jod, Magnesium, Ingwer, Probiotika
Pro Portion ca. 400 kcal

1 Gurke (500 g) | 300 g Seelachsfilet | 1 EL Zitronensaft | Jodsalz | Pfeffer | 1–2 cm frischer Ingwer | 1/4 Bund Koriandergrün | 100 g Basmatireis | 150 g probiotischer Naturjoghurt (0,1 % Fett) | flüssiger Süßstoff | 1 EL Rapsöl | 1 TL abgeriebene Zitronenschale |

1. Gurke waschen und in mundgerechte Stücke schneiden. Fisch waschen, trocken tupfen, mit Zitronensaft beträufeln und mit Salz und Pfeffer würzen. Den Seelachs würfeln. Ingwer schälen und fein reiben. Koriandergrün fein schneiden.
2. Reis in Salzwasser nach Packungsanweisung kochen.
3. Ingwer und Koriander unter den Joghurt rühren, mit Salz, Pfeffer und wenig Süßstoff abschmecken und den Joghurt bis zum Servieren kalt stellen.
4. Öl in einer beschichteten Pfanne erhitzen, die Fischwürfel darin rundherum 3 bis 5 Minuten braten, herausnehmen und beiseitestellen. Gurken im Bratfett etwa 5 Minuten dünsten, den Fisch zugeben und kurz erwärmen.
5. Seelachs-Gurken-Pfanne mit Salz, Pfeffer und Zitronenschale würzen und mit Reis und dem eiskalten Ingwerjoghurt servieren.

Asiatisches Kabeljaufilet mit Algen (Foto)

Für 2 Personen
Zubereitungszeit ca. 35 Minuten
Kalorienkiller: Ballaststoffe, Proteine, Jod, Magnesium
Pro Portion ca. 415 kcal

*100 g Naturreis | Jodsalz | 300 g Kabeljaufilet |
1 EL Limettensaft | Cayennepfeffer | 2 TL Sesamöl |
250 g frische Algen (Asia-Laden) | 5 EL Gemüse-
brühe | asiatische Gewürzmischung | Sojasauce |
1/2 TL Honig | 1 EL Sesam | Tabasco | 1/4 Bund
Koriandergrün*

1. Naturreis in Salzwasser nach Packungsanweisung garen.
2. Kabeljau waschen, trocken tupfen und mit
   Limettensaft beträufeln. Mit Salz und
   Cayennepfeffer würzen und in 1 Teelöffel
   heißem Öl von beiden Seiten kurz anbraten.
   Bei schwacher Hitze insgesamt etwa
   10 Minuten dünsten. Den Fisch beiseitestellen.
3. Algen in mundgerechte Stücke schneiden.
   Das restliche Sesamöl erhitzen, Algen kurz
   anbraten. Mit Gemüsebrühe ablöschen und
   einige Minuten garen, bis die Algen bissfest
   sind. Mit asiatischer Gewürzmischung, Sojasauce und Honig abschmecken.
4. Sesam in einer beschichteten Pfanne ohne
   Fett anrösten und mit einigen Tropfen
   Tabasco unter den abgegossenen Reis
   mischen.
5. Reis, Algengemüse und Fisch anrichten, mit
   fein geschnittenem Koriander bestreuen.

Kabeljau auf Ratatouille

Für 2 Personen
Zubereitungszeit ca. 35 Minuten
Kalorienkiller: Jod, Proteine, niedriger Glyx
Pro Portion ca. 248 kcal

*1 Paprikaschote (200 g) | 1 Aubergine (250 g) |
1 Zucchini (200 g) | 1/2 Gemüsezwiebel (100 g) |
1 Knoblauchzehe | 3 TL Olivenöl | 6 EL Gemüse-
brühe | 200 g geschälte Tomaten (aus der Dose) |
Pfeffer | getrockneter Rosmarin | 300 g Kabeljau-
filet | 1 EL Zitronensaft | Jodsalz | 1/2 Bund Basili-
kum*

1. Paprika, Aubergine und Zucchini waschen,
   putzen und würfeln. Zwiebel und Knoblauchzehe abziehen, Zwiebel in Streifen
   schneiden, Knoblauch würfeln.
2. 2 Teelöffel Öl erhitzen, Zwiebeln und Knoblauch glasig dünsten, Gemüse, Brühe und
   Tomaten zugeben, die Tomaten im Topf
   grob zerkleinern. Mit Pfeffer und Rosmarin
   würzen und das Gemüse zugedeckt 15 bis
   20 Minuten bei mittlerer Hitze garen.
3. Kabeljau waschen, trocken tupfen und mit
   Zitronensaft säuern. Mit Salz und Pfeffer
   würzen und in einer beschichteten Pfanne im
   restlichen Öl von beiden Seiten etwa 4 Minuten braten.
4. Basilikum grob schneiden. Fisch und Rata-
   touille-Gemüse anrichten und mit Basilikum
   bestreut servieren.

Tipp: **Als Beilage passt Vollkornbaguette.**

Nudel-Spinat-Auflauf mit gekochtem Schinken

Für 2 Personen
Zubereitungszeit ca. 45 Minuten
Kalorienkiller: niedriger Glyx, Protein, Kalzium
Pro Portion ca. 490 kcal

200 g kurze Nudeln (z.B. Penne, eifrei) | Jodsalz | 300 g frischer oder TK-Blattspinat | 50 ml Kaffeesahne (10 %) | 100 g Mager-Koch-käse | Pfeffer | Muskat | Knoblauchpulver | 75 g gekochter Schinken ohne Fettrand | 75 g geraspelter Emmentaler (30 % F. i. Tr.) | 2 Kirschtomaten | 1 Bund gemischte Kräuter (z. B. Basilikum, Petersilie, Schnittlauch, Thymian)

1. Nudeln nach Packungsanleitung in Salzwasser bissfest garen, abgießen.
2. Spinat mit Kaffeesahne und Kochkäse aufkochen. Kräftig mit Salz, Pfeffer, Muskat und Knoblauch abschmecken. Den Schinken würfeln.
3. Die Nudeln und den Schinken unter den Spinat heben und alles in eine Auflaufform geben. Emmentaler darüberstreuen und den Auflauf im vorgeheizten Backofen bei 180 °C etwa 20 Minuten überbacken.
4. Kirschtomaten halbieren oder vierteln und vor dem Servieren auf dem Auflauf verteilen. Mit gehackten Kräutern garnieren.

Tipp: Verwenden Sie gerne gekochte Nudeln vom Vortag. Beim Abkühlen wird aus einem Teil der Kohlenhydrate resistente Stärke.

Nudel-Gemüse-Topf mit Putenbrust

Für 2 Personen
Zubereitungszeit ca. 25 Minuten
Kalorienkiller: Proteine, Ballaststoffe, Aminosäuren, Wasser
Pro Portion ca. 440 kcal

150 g Putenbrustfilet | 1 EL Rapsöl | 1/2 EL Sojasauce | Paprikapulver | weißer Pfeffer | 1 Paprikaschote (200 g) | 100 g Lauch | 100 g Champignons | 150 g kleine Nudeln (z. B. Hörnchen, eifrei) | 1/2 l Hühnerbrühe

1. Putenbrust in Streifen schneiden. Die Fleischstreifen im Öl rundherum 3 Minuten scharf anbraten, mit Sojasauce, Paprikapulver und Pfeffer würzen und beiseitestellen.
2. Paprikaschote waschen, entkernen und würfeln, Lauch längs halbieren, gründlich waschen und in halbe Ringe schneiden, Champignons putzen und je nach Größe halbieren oder vierteln.
3. Nudeln zusammen mit den Paprikawürfeln in die kochende Hühnerbrühe geben und nach Packungsanweisung der Nudeln garen. 3 Minuten vor Ende der Garzeit Champignons und Lauch zugeben und mitkochen.
4. Das Fleisch kurz in der Suppe erhitzen und die Brühe eventuell mit Sojasauce und Pfeffer nachwürzen.

Tipp: Zur Abwechslung können Sie statt der Putenbrust auch die gleiche Menge Fischfilet oder Garnelen verwenden. Beides braucht nicht extra angebraten zu werden.

Lasagne mediterran

Für 2 Personen
Zubereitungszeit ca. 60 Minuten
Kalorienkiller: Aminosäuren, Capsaicin, Kalzium, niedriger Glyx
Pro Portion ca. 450 kcal

1/2 Gemüsezwiebel | 1 Möhre (80 g) | 100 g Stangensellerie | 100 g Zucchini | 1 kleine Tomate (60 g) | 150 g Putenbrustfilet | 1 TL Rapsöl | 20 g Tomatenmark | 150 g geschälte Tomaten (aus der Dose) | Jodsalz | Pfeffer | Muskat | flüssiger Süßstoff | 1 TL Zitronensaft | 2 Stengel Thymian | 100 g Mager-Kochkäse | 50 ml entrahmte Milch (0,1 % Fett) | Fett für die Form | 100 g Lasagnenudeln (eifrei) | 25 g geriebener Parmesan

1. Zwiebel abziehen, Möhre schälen, beides fein würfeln. Stangensellerie und die Zucchini waschen, putzen und in feine Scheiben schneiden. Tomate waschen und klein schneiden. Das Putenfleisch hacken.
2. Öl erhitzen und das Fleisch darin unter Rühren anbraten. Möhren- und Zwiebelwürfel dazugeben und 5 Minuten mitbraten. Das restliche Gemüse, Tomatenmark und die grob zerkleinerten Dosentomaten zugeben. 20 Minuten zugedeckt kochen, mit Salz, Pfeffer, Muskat, Süßstoff und Zitronensaft abschmecken, Thymian unterheben.
3. Kochkäse in der Milch schmelzen, mit Salz, Pfeffer und Muskat würzen.
4. Nudeln, Fleisch- und Käsesauce in eine gefettete Auflaufform schichten, mit Parmesan bestreuen und im vorgeheizten Backofen bei 180 °C 30 bis 40 Minuten goldbraun backen.

Kartoffel-Gemüse-Gratin mit Hackbällchen

Für 2 Personen
Zubereitungszeit ca. 60 Minuten
Kalorienkiller: Proteine, Capsaicin, niedriger Glyx, feste Speise, Chrom
Pro Portion ca. 475 kcal

250 g Kartoffeln | Jodsalz | 250 g Zucchini | 250 g Tomaten | 1 Zwiebel (60 g) | 1 Knoblauchzehe | 50 g gekochter Schinken | 250 g Rinderhackfleisch | 1 Ei | 3 EL entrahmte Milch (0,1 % Fett) | 1 EL Semmelbrösel | Pfeffer | Muskat | Cayennepfeffer | 1 EL Rapsöl | je 1 TL gehackter Thymian und Rosmarin | 75 g Harzer Käse

1. Kartoffeln ungeschält 20 Minuten in Salzwasser garen. Abgießen und pellen. Zucchini und Tomaten putzen und würfeln, Zwiebel und Knoblauch abziehen und klein würfeln.
2. Schinken würfeln und mit Hackfleisch, Ei, Milch und Semmelbröseln vermischen. Mit Salz, Pfeffer, Muskat und Cayennepfeffer würzen und kleine Fleischbällchen formen.
3. Das Öl erhitzen und die Fleischbällchen bei mittlerer Hitze etwa 6 Minuten rundherum knusprig braun braten. Herausnehmen und beiseitestellen.
4. Im Bratfett Pellkartoffeln, Zwiebeln und Zucchini etwa 10 Minuten braten, Tomaten zugeben und erhitzen. Mit Thymian, Rosmarin, Salz und Pfeffer würzen und die Mischung in eine Auflaufform füllen.
5. Die Hackbällchen daraufsetzen. Harzer Käse in Scheiben schneiden und auf den Hackbällchen verteilen. Im vorgeheizten Backofen bei 200 °C 5 bis 10 Minuten überbacken.

Hähnchenbrustfilet mit Orangen-Dill-Sauce

Für 2 Personen
Zubereitungszeit ca. 35 Minuten
Kalorienkiller: Proteine, Aminosäuren, Capsaicin, Pyruvat, Chrom
Pro Portion ca. 405 kcal

100 g Naturreis | 1/4 l Gemüsebrühe | 300 g Hähnchenbrustfilet | Jodsalz | weißer Pfeffer | Curry | Paprikapulver | Zimt | 1 Mandarine | 1/4 Bund Dill | 1 TL Rapsöl | 1/8 l Orangensaft | 1/2 TL Honig | 2 EL Kondensmilch (4 % Fett)

1. Reis nach Packungsanweisung in Gemüsebrühe garen.
2. Hähnchenbrust in mundgerechte Stücke schneiden und rundherum mit Salz, Pfeffer, Curry, Paprikapulver und wenig Zimt würzen. Mandarine pellen und in Spalten teilen, den Dill waschen und fein schneiden.
3. Öl erhitzen und das Hähnchenfleisch 2 Minuten scharf anbraten. Orangensaft, Mandarinenspalten, Dill, Honig und Kondensmilch zugeben, einmal aufkochen. Mit den Gewürzen abschmecken, den Naturreis abgießen und dazuservieren.

Tipp: Dazu passt ein Gurkensalat mit Buttermilch-Dill-Sauce.

Maishähnchen

Für 2 Personen
Zubereitungszeit ca. 30 Minuten
Kalorienkiller: Capsaicin, Proteine, Chrom
Pro Portion ca. 380 kcal

1 Zwiebel | 1 Knoblauchzehe | 1 milde grüne Pfefferschote (40 g) | 150 g Baby-Maiskolben | 250 g Hähnchenbrustfilet | 1 Dose Mais (285 g Abtropfgewicht) | 1 EL Rapsöl | Jodsalz | Pfeffer | 200 ml Geflügelbrühe | 1/2 Bund Petersilie

1. Zwiebel und Knoblauchzehe abziehen und fein würfeln. Pfefferschote waschen und in feine Ringe schneiden. Maiskolben waschen, trocknen und längs halbieren. Hähnchenfleisch in Würfel schneiden, Maiskörner auf einem Sieb abtropfen lassen.
2. 1/2 Esslöffel Öl erhitzen, das Hähnchenfleisch darin 3 Minuten anbraten, mit Salz und Pfeffer würzen und beiseitestellen.
3. Das restliche Öl erhitzen, Zwiebel, Knoblauch, Pfefferschote und Maiskolben darin anbraten und mit Brühe ablöschen. Bei mittlerer Hitze 5 Minuten kochen. Fleisch und Maiskörner untermischen und weitere 5 Minuten garen.
4. Mit Salz und Pfeffer abschmecken und mit gewaschener und fein geschnittener Petersilie bestreuen.

Tipp: Dazu passt knusprig getoastetes Vollkornbrot.

Ingwerhähnchen

Für 2 Personen
Zubereitungszeit ca. 40 Minuten
+ Zeit zum Marinieren
Kalorienkiller: Ingwer, niedriger Glyx, Proteine, Chrom
Pro Portion ca. 255 kcal

2 cm frischer Ingwer | 1 TL Speisestärke | 2 EL Sojasauce | 1 kleine Knoblauchzehe | schwarzer Pfeffer | 2 kleine Hähnchenbrustfilets (250 g) | 300 g Spitzkohl | 200 g Kirschtomaten | 1 EL Sesamöl | Jodsalz | 1/2 Bund Petersilie

1. Ingwer schälen und fein reiben. Stärke mit Sojasauce glatt rühren. Knoblauchzehe abziehen und durchpressen. Ingwer mit angerührter Stärke, Knoblauchzehe und etwas Pfeffer verrühren, Hähnchenbrustfilets in der Marinade 30 Minuten durchziehen lassen.
2. Kohl putzen, harten Strunk entfernen und den Kohl in Streifen schneiden. Tomaten waschen, trocknen und halbieren.
3. Die Hähnchenbrust aus der Marinade nehmen und trocken tupfen. Die Marinade beiseitestellen. 1/2 Esslöffel Öl erhitzen und das Fleisch von beiden Seiten je 2 Minuten anbraten. Die Hähnchenbrust auf einen ofenfesten Teller legen und im vorgeheizten Backofen bei 180 °C etwa 15 Minuten garen.
4. Das restliche Öl in die Pfanne geben, den Kohl unter Rühren 3 bis 4 Minuten garen, Marinade und Tomaten dazugeben und aufkochen. Mit Salz und Pfeffer abschmecken. Ingwerhähnchen und Kohlgemüse mit fein geschnittener Petersilie bestreuen.

Hähnchenkeule mit Chili-Artischocken

Für 2 Personen
Zubereitungszeit ca. 1 Stunde 10 Minuten
Kalorienkiller: Capsaicin, Aminosäuren, Chrom
Pro Portion ca. 420 kcal

2 Hähnchenkeulen (400 g) | Jodsalz | Pfeffer | 250 g Artischockenherzen (aus der Dose) | 30 g getrocknete Tomaten | 1 Knoblauchzehe | 50 ml Weißwein | 2 EL fettreduzierte Schlagsahne (z. B. Cremefine zum Kochen) | Cayennepfeffer

1. Hähnchenkeulen waschen, trocknen, mit Salz und Pfeffer würzen und in eine ofenfeste Form legen. Im vorgeheizten Backofen bei 160 °C etwa 60 Minuten braten.
2. Artischocken abtropfen lassen und halbieren. Tomaten in feine Streifen schneiden. Knoblauchzehe abziehen und fein würfeln.
3. Artischocken, Tomaten, Knoblauch, Wein, 1/8 Liter Wasser und Sahne 15 Minuten vor Bratzeitende um die Keulen verteilen. Zum Schluss mit Salz, Pfeffer und Cayennepfeffer abschmecken.

Tipp: Ein prima Gästeessen. Wenn die Zutaten vorbereitet sind, macht es sich fast von alleine, während Sie gemütlich mit Ihren Gästen plaudern.

Rinderfilet im Petersilien-Basilikum-Mantel (Foto)

Für 2 Personen
Zubereitungszeit ca. 40 Minuten
Kalorienkiller: CLA, Proteine, Chrom
Pro Portion ca. 300 kcal

2 Rinderfilet-Medaillons (300 g) | 1 EL Rapsöl | Jodsalz | Pfeffer | 1/2 Bund Petersilie | 4 Stengel Basilikum

1. Rinderfilets trocken tupfen. Im heißen Öl von jeder Seite 2 bis 3 Minuten scharf anbraten, das Fleisch mit Salz und Pfeffer würzen. Medaillons auf einen ofenfesten Teller legen, mit Alufolie abdecken und im vorgeheizten Backofen bei 120 °C 12 bis 15 Minuten garen.
2. Kräuter waschen, trocknen und fein schneiden. Auf einem flachen Teller mischen und die Filets am Ende der Garzeit darin wenden.

Tipp: **Dazu passt Kohlrabi-Kerbel-Gemüse (S. 79), Herbstliches Lauchgemüse (S. 81) oder ein großer gemischter Salat.**

Rinderfilet mit buntem Gemüse

Für 2 Personen
Zubereitungszeit ca. 35 Minuten
Kalorienkiller: CLA, Ballaststoffe, Pellkartoffeln
Pro Portion ca. 495 kcal

1 TL abgeriebene Limettenschale | Cayennepfeffer | Jodsalz | 1 kleine Knoblauchzehe | 300 g Rinderfilet-Medaillons | 1 TL Rapsöl | 400 g gekochte Pellkartoffeln | 1/2 Gemüsezwiebel (100 g) | 250 g Paprikaschoten | 250 g Kirschtomaten | 250 g grüne Bohnen (aus der Dose) | 25 g entrahmte Dickmilch (0,1 % Fett) | bunter Pfeffer | Tabasco | 1 Bund gehackte Kräuter (z. B. Petersilie, Dill, Schnittlauch)

1. Limettenschale mit Cayennepfeffer, Salz und zerdrücktem Knoblauch mischen und das Fleisch damit einreiben. 1/2 Teelöffel Öl erhitzen und die Steaks etwa 4 Minuten anbraten. Pellkartoffeln und Steaks auf einen ofenfesten Teller legen und abgedeckt bei 120 °C 10 Minuten in den Ofen stellen.
2. Zwiebel abziehen und in Streifen schneiden, Paprika waschen, entkernen und ebenfalls in Streifen schneiden. Tomaten halbieren, Bohnen abtropfen lassen.
3. Das restliche Öl erhitzen, Zwiebeln und Paprika 5 Minuten garen. Tomaten, Bohnen und Dickmilch unterheben, mit Salz, Pfeffer und Tabasco abschmecken.
4. Steaks mit Gemüse und Kartoffeln anrichten, mit den Kräutern bestreut servieren.

Kräuterfrikadellen mit Gurken-Dill-Gemüse

Für 2 Personen
Zubereitungszeit ca. 35 Minuten
Kalorienkiller: CLA, Aminosäuren, Pellkartoffeln
Pro Portion ca. 460 kcal

400 g kleine Kartoffeln | Jodsalz | 1/2 Möhre (40 g) | 1/4 Kohlrabi (100 g) | 1 kleine rote Zwiebel (30 g) | je 1/4 Bund Petersilie und Schnittlauch | 300 g Beefsteakhack (Tatar) | 1 TL Senf | 1 TL Tomatenmark | 50 g Magerquark | Tabasco | Cayennepfeffer | 2 TL Rapsöl | 1 Gurke (500 g) | 1/2 Gemüsezwiebel (100 g) | weißer Pfeffer | 2–3 TL Limettensaft | 1 TL Honig | 50 g entrahmte Dickmilch (0,1 % Fett) | 1/2 Bund Dill

1. Die Kartoffeln ungeschält 20 Minuten in Salzwasser garen.
2. Möhre und Kohlrabi schälen und fein reiben. Zwiebel abziehen und fein würfeln. Petersilie fein schneiden, Schnittlauch in Röllchen schneiden.
3. Hackfleisch mit Gemüseraspeln, Zwiebeln, Kräutern, Senf, Tomatenmark und Quark verrühren, mit Salz, Tabasco und Cayennepfeffer abschmecken. Kleine Frikadellen formen, in 1 Teelöffel Öl anbraten und von jeder Seite etwa 5 Minuten garen.
4. Gurke in Scheiben schneiden, Zwiebel abziehen und würfeln. Das Gemüse im restlichen Öl etwa 5 Minuten dünsten, mit Salz, Pfeffer, Limettensaft und Honig abschmecken. Dickmilch und fein geschnittenen Dill unterheben und mit Kräuterfrikadellen und Pellkartoffeln servieren.

Scharfe Rindfleisch-Gemüse-Pfanne mit Pellkartoffeln

Für 2 Personen
Zubereitungszeit ca. 40 Minuten
Kalorienkiller: CLA, Pellkartoffeln, Ballaststoffe, Chrom
Pro Portion ca. 435 kcal

400 g Pellkartoffeln | Jodsalz | 400 g Kirschtomaten | 1/2 Gemüsezwiebel (100 g) | 1 Apfel (200 g) | 4 Stengel Bärlauch | 200 g Rinderfilet im Stück | Tabasco | Curry | 2 TL Rapsöl | Cayennepfeffer | 1/2 TL Honig | 1/2 TL Balsamico-Essig | Kümmel

1. Kartoffeln ungeschält 20 Minuten in Salzwasser garen.
2. Kirschtomaten waschen und halbieren, Zwiebel abziehen und würfeln, Apfel waschen, das Kerngehäuse herausschneiden und das Fruchtfleisch würfeln. Bärlauch fein schneiden.
3. Rinderfilet salzen, mit Tabasco und Curry würzen und in dünne Scheiben schneiden. 1 Teelöffel Öl erhitzen und die Scheiben von beiden Seiten 1 Minute braten. Fleisch beiseitestellen.
4. Das restliche Öl erhitzen, Zwiebel- und Apfelwürfel 3 Minuten andünsten. Tomaten, Fleisch und Bärlauch untermischen, mit Salz, Cayennepfeffer, Honig und Essig abschmecken.
5. Die Kartoffeln pellen, mit Kümmel bestreuen und mit der Rindfleisch-Gemüse-Pfanne servieren.

Rosenkohl-Kassler-Auflauf

Für 2 Personen
Zubereitungszeit ca. 45 Minuten
Kalorienkiller: Ballaststoffe, Pellkartoffeln, Proteine, CLA
Pro Portion ca. 475 kcal

500 g kleine Kartoffeln | Jodsalz | 500 g Rosenkohl | 1 kleine Zwiebel (30 g) | 1 TL Rapsöl | 100 g Mager-Kochkäse | 1/8 l entrahmte Milch (0,1 % Fett) | Pfeffer | Muskat | Fett für die Form | 2 Scheiben Kasslerlachs ohne Fettrand (250 g) | 1/2 Bund Petersilie

1. Kartoffeln ungeschält 20 Minuten in Salzwasser garen. Rosenkohl putzen und 5 Minuten in wenig Salzwasser vorgaren.
2. Zwiebel abziehen, in dünne Streifen schneiden und in einer beschichteten Pfanne im Öl andünsten. Kochkäse und Milch zugeben und erhitzen, bis der Käse geschmolzen ist. Mit Salz, Pfeffer und Muskat abschmecken.
3. Die Kartoffeln pellen und in Scheiben schneiden. In eine gefettete Auflaufform geben, Kasslerscheiben darauf legen. Rosenkohl halbieren und auf dem Fleisch verteilen, die Käsesauce darübergießen. Im vorgeheizten Backofen bei 150 °C etwa 20 Minuten überbacken. Mit fein geschnittener Petersilie bestreuen.

Tipp: Auch mit Brokkoli oder Blumenkohl sehr lecker!

Leber Berliner Art

Für 2 Portionen
Zubereitungszeit ca. 30 Minuten
Kalorienkiller: Cholin, Ballaststoffe, Pektin, Chrom
Pro Portion ca. 485 kcal

400 g Schweineleber | 400 g Gemüsezwiebeln | 400 g Äpfel | Jodsalz | 4 EL Mehl | 1 EL Rapsöl | 1 EL Essig | 1/8 l Gemüsebrühe | Pfeffer

1. Die Leber waschen, trocknen und in Streifen schneiden. Die Zwiebeln abziehen, halbieren und in feine Streifen schneiden. Äpfel waschen, das Kerngehäuse herausschneiden und das Fruchtfleisch in Spalten schneiden. Die Leber leicht salzen, im Mehl wenden, das überschüssige Mehl abschütteln.
2. 1/2 Esslöffel Öl erhitzen und die Leber 3 Minuten darin anbraten. Herausnehmen und zur Seite stellen. Das restliche Öl in die Pfanne geben und die Zwiebelstreifen darin bei mittlerer Hitze glasig dünsten. Apfelspalten zugeben und 2 Minuten weitergaren. Essig und Gemüsebrühe dazugießen und aufkochen lassen.
3. Die Leberstreifen unter das Apfel-Zwiebel-Gemüse heben, einmal aufkochen und mit Salz und Pfeffer kräftig würzen.

Tipp: Genießen Sie zu diesem Gericht Kartoffel-Möhren- oder Kartoffel-Sellerie-Püree.

Kräuterlammfilet mit Kümmelkartoffeln

Für 2 Personen
Zubereitungszeit ca. 60 Minuten
Kalorienkiller: L-Carnitin, Proteine, Ballaststoffe
Pro Portion ca. 480 kcal

400 g kleine Kartoffeln | Jodsalz | Kümmel | 500 g grüne Bohnen | 1/8 l Gemüsebrühe | 1 Knoblauchzehe | 1 TL Rapsöl | 300 g Lammfilet | bunter Pfeffer | Rosmarin | 50 g magere Schinkenwürfel | 30 g Magerquark | Bohnenkraut | 1/4 Bund Petersilie

1. Kartoffeln ungeschält 20 Minuten in Salzwasser garen. Kartoffeln abgießen, pellen und halbieren. Ein Backblech mit Backpapier belegen, die Kartoffelhälften darauflegen, mit Salz und Kümmel bestreuen und bei 180 °C etwa 20 Minuten backen.
2. Bohnen putzen und in der Gemüsebrühe 12 bis 15 Minuten bissfest garen. Knoblauch abziehen und fein würfeln.
3. Öl in einer großen Pfanne erhitzen, das Lammfilet etwa 2 Minuten von allen Seiten anbraten. Das Fleisch mit Salz, Pfeffer und Rosmarin würzen und abgedeckt warm stellen.
4. Knoblauch im verbliebenen Bratfett andünsten, den Schinken zugeben und kurz anbraten. Den Quark unterrühren und die abgetropften Bohnen in der Sauce erhitzen. Mit Salz, Pfeffer und Bohnenkraut herzhaft abschmecken. Kartoffeln und Lammfilets zusammen anrichten. Mit fein geschnittener Petersilie bestreuen.

Lammgulasch mit Paprika

Für 2 Personen
Zubereitungszeit ca. 50 Minuten
Kalorienkiller: L-Carnitin, Capsaicin, Proteine
Pro Portion ca. 405 kcal

300 g Lammfilet | 1 rote Zwiebel (60 g) | 1/2 Gemüsezwiebel (100 g) | je 1 rote und gelbe Paprikaschote (400 g) | 1 TL Rapsöl | 2 EL Tomatenmark | 1/8 l Gemüsebrühe | 75 ml Buttermilch (etwa 6–7 EL) | 200 g geschälte Tomaten (aus der Dose), Thymian | Jodsalz | Pfeffer | Cayennepfeffer | Zimt | 2 TL Himbeerkonfitüre | 1/2 Bund Schnittlauch

1. Das Fleisch in mundgerechte Stücke schneiden. Beide Zwiebelsorten abziehen und würfeln, Paprikaschoten putzen, entkernen und die Schoten in Streifen schneiden.
2. Öl erhitzen und das Fleisch darin rundherum etwa 3 Minuten anbraten. Zwiebeln und Paprika zugeben und kurz dünsten. Tomatenmark, Gemüsebrühe, Buttermilch, geschälte Tomaten und Thymian zugeben, die Tomaten im Topf grob zerteilen. Zugedeckt bei mittlerer Hitze etwa 20 Minuten garen.
3. Mit Salz, Pfeffer, Cayennepfeffer, Zimt und Himbeerkonfitüre süßlich scharf abschmecken. Schnittlauch in Röllchen schneiden und darüberstreuen. Dazu passen Pellkartoffeln, Naturreis oder Vollkornnudeln.

Lammspieße mit Knoblauchsauce

Für 2 Personen
Zubereitungszeit ca. 50 Minuten
Kalorienkiller: Proteine, L-Carnitin
Pro Portion ca. 400 kcal

300 g Lammfilet | 1/2 Gemüsezwiebel (100 g) |
1 Paprikaschote (200 g) | 1 Apfel (200 g) |
1 EL Zitronensaft | Zimt | 1 EL Rapsöl | Jodsalz |
bunter Pfeffer | Thymian | 1–2 Knoblauchzehen |
1/4 Kohlrabi (100 g) | 30 g Tomatenmark |
30 g entrahmte Dickmilch (0,1 % Fett) |
1/2 TL Apfeldicksaft | Jodsalz | Paprikapulver |
1/2 Vanilleschote | 1/4 Bund Dill

1. Lammfleisch würfeln, Zwiebel abziehen und vierteln, Paprikaschote putzen, entkernen und das Fruchtfleisch ebenfalls würfeln. Den Apfel waschen, das Kerngehäuse herausschneiden, in mundgerechte Stücke schneiden und diese mit Zitronensaft beträufeln und mit Zimt bestäuben.
2. Fleisch, Zwiebeln, Paprika und Äpfel abwechselnd auf Holz- oder Metallspieße stecken und mit 1/2 Esslöffel Öl bepinseln. Mit Salz, Pfeffer und Thymian würzen und im vorgeheizten Backofen bei 180 °C 25 bis 30 Minuten garen. In den letzten 5 bis 10 Minuten den Grill zuschalten.
3. Knoblauch abziehen und fein würfeln, Kohlrabi schälen und grob raspeln. Knoblauch und Kohlrabi im restlichen Öl andünsten, Tomatenmark, Dickmilch und Apfeldicksaft unterrühren, mit Salz, Paprikapulver, Vanillemark und fein geschnittenem Dill würzen. Die Sauce zu den Lammspießen servieren.

Scharfes Lammcurry

Für 2 Personen
Zubereitungszeit ca. 1 Stunde 30 Minuten
Kalorienkiller: L-Carnitin, Capsaicin, Ingwer
Pro Portion ca. 435 kcal

100 g kleine Zwiebeln | 1/2 rote Chilischote |
2 cm frischer Ingwer | 1/2 EL Koriandersamen |
300 g mageres Lammfleisch (z. B. aus der Keule) |
1 EL Rapsöl | Jodsalz | Pfeffer | Kreuzkümmel |
Kardamom | Kurkuma | 2 EL Tomatenmark |
200 g geschälte Tomaten (aus der Dose)

1. Zwiebeln abziehen und würfeln. Chilischoten waschen, längs halbieren, entkernen und fein hacken. Achtung: Nach dem Chilischneiden unbedingt Hände waschen. Ingwer schälen und fein reiben. Koriander fein zerstoßen. Fleisch trocken tupfen und in Würfel schneiden.
2. Öl erhitzen, das Fleisch portionsweise anbraten und herausnehmen. Im verbliebenen Bratfett die Zwiebeln glasig dünsten. Chilischote, Ingwer, Salz, Pfeffer, Kreuzkümmel, Kardamom, Kurkuma und Koriander zugeben und kurz anrösten, bis die Gewürze zu duften beginnen.
3. Tomatenmark, Tomaten und 1/8 Liter Wasser zugeben, die Tomaten grob zerkleinern. Zugedeckt bei mittlerer Hitze etwa 60 bis 70 Minuten schmoren. Das Lammcurry eventuell nachwürzen und mit Duftreis oder Naturreis servieren.

Tipp: Statt der verschiedenen Einzelgewürze können Sie auch ein handelsübliches Currypulver verwenden.

Deftige Abendmahlzeiten

Rucola-Trauben-Salat mit Himbeer-Balsam-Dressing (Foto)

Für 2 Personen
Zubereitungszeit ca. 20 Minuten
Kalorienkiller: Ballaststoffe, Kalzium, Aminosäuren
Pro Portion ca. 175 kcal

100 g Rucola | 150 g Kirschtomaten | 100 g blaue Trauben | 100 g Harzer Käse mit Schimmel | 1 EL Balsamico-Essig | 1 EL Rapsöl | 30 g entrahmter Naturjoghurt (0,1 % Fett) | 1/2 TL Himbeerkonfitüre | Jodsalz | Cayennepfeffer

1. Rucola waschen, trocknen und in mundgerechte Stücke zupfen. Tomaten und Trauben waschen, die Tomaten halbieren oder vierteln. Harzer Käse würfeln.
2. Essig, Öl, Joghurt und Konfitüre verrühren und mit Salz und Cayennepfeffer herzhaft abschmecken. Dressing unter die Salatzutaten heben. Dazu passt Pumpernickel.

Tipp: Statt Rucola können Sie auch Radicchiosalat oder Chicoréestauden verwenden.

Harzer Schnitten mit Rohkostsalat

Für 2 Personen
Zubereitungszeit ca. 20 Minuten
+ Zeit zum Marinieren
Kalorienkiller: Proteine, Aminosäuren, Ballaststoffe, feste Speise
Pro Portion ca. 355 kcal

150 g Harzer Käse ohne Schimmel | 1/2 Gemüsezwiebel (100 g) | 1 Knoblauchzehe | 2 EL Kräuteressig | je 1/2 TL scharfer und milder Senf | 1/2 TL Honig | 1 Fleischtomate (250 g) | 4 Scheiben Vollkornbrot (200 g) | 1–2 TL Meerrettich | 100 g Radieschen | 100 g Rettich | 100 g Kohlrabi | Jodsalz | Pfeffer | je 1/4 Bund Petersilie und Schnittlauch

1. Harzer Käse in Scheiben schneiden. Zwiebel und Knoblauch abziehen, Zwiebel in Ringe schneiden, Knoblauch fein würfeln. Essig, beide Senfsorten und Honig verrühren, über Zwiebeln, Knoblauch und Käsescheiben gießen und über Nacht ziehen lassen.
2. Harzer Käse und Zwiebelringe abtropfen lassen, dabei die Marinade auffangen. Tomate waschen und in dünne Scheiben schneiden. Vollkornbrot zweimal toasten und dünn mit Meerrettich bestreichen. Mit Käse, Zwiebelringen und Tomatenscheiben belegen.
3. Radieschen, Rettich und Kohlrabi putzen, den Kohlrabi schälen. Alles grob raspeln. Mit der aufgefangenen Marinade verrühren. Eventuell mit Salz und Pfeffer würzen.
4. Petersilie fein schneiden und über die Rohkost streuen, Schnittlauch in Röllchen schneiden und auf den Broten verteilen.

Knäckebrot mit Handkäse und Kochkäse

Für 2 Personen
Zubereitungszeit ca. 10 Minuten
Kalorienkiller: Ballaststoffe, Proteine, Aminosäuren, Kalzium
Pro Portion ca. 177 kcal

50 g Magerquark | 2–3 EL Mineralwasser mit Kohlensäure | Jodsalz | weißer Pfeffer | 1 TL Meerrettich | 4 Scheiben Knäckebrot | 75 g Mager-Kochkäse | 75 g Harzer Käse | 100 g Gurke | 2 Stengel Dill

1. Quark mit etwas Mineralwasser cremig rühren. Mit Salz, Pfeffer und Meerrettich würzen und auf die Knäckebrote streichen.
2. Je zwei Scheiben Knäckebrot mit Kochkäse bestreichen und mit Harzer Käse belegen.
3. Die Gurke waschen und in Scheiben schneiden, Dill fein schneiden. Käsebrote mit Gurkenscheiben und Dill garniert servieren.

Tipp: Dazu passt ein Chicoréesalat mit Apfel, Walnüssen und Mandarinen-Buttermilch-Dressing.

Handkäs mit Musik

Für 2 Personen
Zubereitungszeit ca. 15 Minuten
+ Zeit zum Marinieren
Kalorienkiller: Proteine, Aminosäuren, Ballaststoffe
Pro Portion ca. 225 kcal

je 1 kleine weiße und rote Zwiebel | 1 Frühlingszwiebel, gehackt | 1/4 Bund Schnittlauch | 4 EL Weißweinessig | 1 EL Rapsöl | Jodsalz | bunter Pfeffer | flüssiger Süßstoff | Kümmel | 2 Olmützer Quargel (à 125 g)

1. Die Zwiebeln abziehen und fein würfeln, Frühlingszwiebel und Schnittlauch waschen und in feine Röllchen schneiden. Essig mit Öl verrühren, mit Salz, Pfeffer, Süßstoff und Kümmel würzen, Zwiebeln und Schnittlauch unterheben.
2. Die Quargel in eine flache Schale legen und mit der Marinade übergießen, 30 Minuten marinieren.

Tipp: Sie können den Handkäse gut schon am Vortag zubereiten. Je länger er mariniert, desto weicher und aromatischer wird der Sauermilchkäse. Dazu passt geröstetes Vollkornbrot.

Feuriger Kartoffel-Käse-Salat

Für 2 Personen
Zubereitungszeit ca. 20 Minuten
Kalorienkiller: Capsaicin, Proteine,
Pellkartoffeln, Harzer Käse
Pro Portion ca. 195 kcal

250 g kleine Kartoffeln | Jodsalz | 125 g Harzer
Käse | 6 EL Gemüsebrühe | 1 EL Weißweinessig |
1 EL scharfer Senf | 1/2 EL Rapsöl | 1 Bund
gemischte Kräuter (z. B. Petersilie, Schnittlauch,
Dill) | 1/2 rote Chilischote

1. Kartoffeln ungeschält 20 Minuten in Salzwasser garen, abgießen, pellen und in Scheiben schneiden. Harzer Käse in dünne Scheiben schneiden und mit den Kartoffeln in eine Schüssel geben.
2. Gemüsebrühe aufkochen, mit Essig, Senf und Öl verrühren und heiß über Kartoffel- und Käsescheiben gießen. Die Kräuter waschen und fein schneiden, Schnittlauch in Röllchen schneiden. Chilischote längs halbieren, entkernen, waschen und fein hacken. Achtung: Nach dem Chilischneiden Hände unbedingt gut waschen. Kräuter und Chilischote unter den Kartoffel-Käse-Salat heben. Den Salat noch einmal abschmecken und lauwarm genießen.

Tipp: **Mit Laugenstange und Kirschtomaten ein komplettes Abendessen.**

Kartoffeln nach Pfälzer Art

Für 2 Personen
Zubereitungszeit ca. 40 Minuten
Kalorienkiller: Harzer Käse, Proteine, Kalzium,
Pellkartoffeln, feste Speise
Pro Portion ca. 275 kcal

400 g mittelgroße, festkochende Kartoffeln |
1 kleine Knoblauchzehe | Jodsalz | Pfeffer |
Kümmel | Paprikapulver | 100 g Harzer Käse

1. Kartoffeln gründlich waschen und längs halbieren, Knoblauchzehe abziehen und fein hacken. Kartoffeln in einer Schüssel mit Gewürzen und Knoblauch mischen.
2. Kartoffeln mit der Schnittfläche auf ein mit Backpapier belegtes Backblech setzen und im vorgeheizten Backofen bei 190 °C 30 Minuten backen.
3. Den Käse in Scheiben schneiden und auf die Kartoffeln legen. Weitere 5 Minuten backen, bis der Käse geschmolzen ist.

Tipp: **Statt Harzer Käse können Sie auch andere Sorten Sauermilchkäse verwenden, zum Beispiel Korbkäse, Handkäse, Quargel, Stangenkäse, Mainzer. Der fettarme und proteinreiche Käse hat in den verschiedenen Regionen Deutschlands die unterschiedlichsten Namen.**

Couscous-Salat

Für 2 Personen
Zubereitungszeit ca. 20 Minuten
Kalorienkiller: Ballaststoffe, niedriger Glyx, Vitamin C
Pro Portion ca. 260 kcal

2 Frühlingszwiebeln | 1 Knoblauchzehe | 2 TL Rapsöl | 1 TL Paprikapulver | 100 ml Gemüsebrühe | 75 g Couscous | 1 kleine Salatgurke (400 g) | 250 g Kirschtomaten | 1/2 Bund Petersilie | 2 EL Zitronensaft | 1/2 TL mittelscharfer Senf | Jodsalz | Pfeffer

1. Frühlingszwiebeln waschen, putzen und in feine Ringe schneiden. Knoblauchzehe abziehen und fein hacken. 1 Teelöffel Öl erhitzen, Zwiebelringe und Knoblauchwürfel darin andünsten. Paprikapulver darüberstäuben und mit Gemüsebrühe ablöschen. Aufkochen und Couscous einrühren. Den Topf von der Platte ziehen und den Couscous etwa 5 Minuten quellen lassen. Couscous in eine Schüssel füllen und abkühlen lassen.
2. Gurke waschen, der Länge nach halbieren und in feine Würfel schneiden. Tomaten waschen, trocknen und halbieren. Die Petersilie waschen, trocknen, Blättchen abzupfen. Einige schöne Blättchen beiseitelegen, den Rest fein schneiden.
3. Zitronensaft, Senf, das restliche Öl, Salz und Pfeffer verrühren. Vorbereitete Zutaten mit der Marinade mischen, den Salat mit Salz und Pfeffer abschmecken.

Asiatischer Auberginensalat

Für 2 Personen
Zubereitungszeit ca. 55 Minuten
Kalorienkiller: Capsaicin, niedriger Glyx, CLA
Pro Portion ca. 245 kcal

1 Aubergine (400 g) | Jodsalz | 2 grüne Chilischoten | 2 Knoblauchzehen | 2 kleine rote Zwiebeln | grobes Salz | 1 Stange Zitronengras | 1/4 Bund frischer Koriander | 1 EL Rapsöl | 100 g Rinderhackfleisch

1. Aubergine waschen, putzen und in dünne Scheiben schneiden, Auberginenscheiben 10 Minuten in kaltes Salzwasser legen. Die Chilischoten waschen, längs aufschneiden, entkernen und fein hacken. Achtung: Nach dem Chilischneiden Hände gut waschen.
2. Knoblauchzehen und Zwiebeln abziehen. Eine Zehe und eine Zwiebel klein würfeln und zusammen mit der Chilischote mit etwas grobem Salz im Mörser zu einer Paste zerstoßen.
3. Zitronengras mit einem Fleischklopfer oder einem Messerrücken andrücken. Die restliche Knoblauchzehe in dünne Scheiben, die Zwiebel in Ringe schneiden. Auberginen abgießen und trocknen. Koriander waschen, trocknen und Blättchen abzupfen.
4. Die Knoblauchscheiben im heißen Öl kurz anrösten und herausnehmen. Die Chilipaste und das Zitronengras im Bratöl kurz anbraten. Das Hackfleisch dazugeben und unter Rühren etwa 5 Minuten krümelig braten. Auberginen und Zwiebeln zugeben und weitere 3 Minuten braten. Knoblauch und Koriander unterrühren, das Zitronengras entfernen, den Salat lauwarm abkühlen lassen.

Bunter Fischsalat

Für 2 Personen
Zubereitungszeit ca. 30 Minuten
Kalorienkiller: Jod, Proteine, Capsaicin
Pro Portion ca. 155 kcal

*100 g Kabeljaufilet | Limettensaft | Jodsalz |
1 TL Rapsöl | Curry | Zimt | Paprikapulver |
1 EL Weißweinessig | 1/2 TL Dijonsenf | 1 TL Honig |
50 g Hüttenkäse (Magerstufe) | 1/2 EL Kapern |
1/2 Bund Dill | 50 g Gewürzgurken | 100 g Eisberg-
salat | 100 g Mandarinenspalten | 50 g Krabben*

1. Den Fisch säubern, mit Limettensaft säuern
   und salzen. Rapsöl erhitzen, das Fischfilet
   von jeder Seite 2 bis 3 Minuten braten, aus
   der Pfanne nehmen.
2. Curry, wenig Zimt und Paprikapulver kurz
   im Bratensatz schwenken, mit Essig, Senf,
   Honig, Hüttenkäse und Kapern verrühren.
   Dill waschen und fein schneiden, Gewürzgurken würfeln. Beides unter die Sauce
   mischen.
3. Eisbergsalat waschen und in mundgerechte
   Stücke teilen. Mit Mandarinenspalten, Krabben und Fisch in einer Schüssel mischen, die
   Salatsauce darübergeben und vorsichtig
   unterheben.

Tipp: Dazu passen Vollkornbaguette oder
Folienkartoffeln.

Matjes nach Hausfrauenart

Für 2 Portionen
Zubereitungszeit ca. 15 Minuten
Kalorienkiller: Jod, Pyruvat, Pektin, Probiotika
Pro Portion ca. 345 kcal

*1 kleine rote Zwiebel (30 g) | 50 g Gewürzgurken |
2 Äpfel (400 g) | 2 EL Zitronensaft | 150 g probioti-
scher Naturjoghurt (0,1 % Fett) | 30 g saure
Sahne | Jodsalz | Pfeffer | 4 Matjesfilets (250 g)*

1. Zwiebel abziehen und in feine Ringe schneiden. Gewürzgurke würfeln. Äpfel waschen,
   das Kerngehäuse herausschneiden und das
   Fruchtfleisch ebenfalls in Würfel schneiden.
   Äpfel sofort mit Zitronensaft beträufeln.
2. Joghurt mit saurer Sahne glatt rühren und
   mit Salz und Pfeffer würzen. Zwiebeln, Gur-
   ken- und Apfelwürfel darunterheben.
3. Matjesfilets auf eine Platte legen und die
   Sauce darauf verteilen.

Tipp: Für einen feinen Matjessalat schneiden Sie die Fischfilets in ebenso kleine
Würfel wie die übrigen Zutaten.

Scharfe Pasta (Foto)

Für 2 Personen
Zubereitungszeit ca. 20 Minuten
Kalorienkiller: Ballaststoffe, Capsaicin, niedriger Glyx
Pro Portion ca. 445 kcal

200 g kurze Nudeln (z. B. Penne, eifrei) | 1 Knoblauchzehe | 1 rote Chilischote | 60 g Zwiebeln | 2 dünne Scheiben geräucherter Schinken | 400 g geschälte Tomaten (aus der Dose) | Jodsalz | Pfeffer | 1 TL getrocknete Kräuter (z. B. Basilikum, Majoran, Thymian) | 1 TL Balsamico-Essig

1. Pasta in reichlich Salzwasser nach Packungsanweisung bissfest (al dente) kochen.
2. Knoblauch abziehen, Chili waschen, beides hacken. Achtung: Nach dem Chilischneiden Hände gut waschen. Zwiebeln abziehen und in halbe Ringe schneiden.
3. Schinken in schmale Streifen schneiden und in einer beschichteten Pfanne ohne Fett ausbraten, herausnehmen und auf einem Küchenpapier abtropfen lassen.
4. Chili, Knoblauch und Zwiebelringe im Bratfett 2 Minuten bei mittlerer Hitze braten. Tomaten zugeben und mit einem Kochlöffel zerdrücken. Bei schwacher Hitze 5 Minuten offen einkochen lassen und mit Salz, Pfeffer, Kräutern und Balsamico-Essig würzen.
5. Nudeln abgießen und mit der Tomatensauce mischen, mit Schinkenstreifen bestreuen.

Tipp: Greifen Sie zu italienischen Nudeln aus Hartweizengrieß. Sie werden ohne Zusatz von Eiern hergestellt und schmecken besonders herzhaft.

Toskana-Nudeln

Für 2 Personen
Zubereitungszeit ca. 20 Minuten
Kalorienkiller: Capsaicin, Chrom, Ballaststoffe, Magnesium
Pro Portion ca. 595 kcal

200 g weiße Bohnen (aus der Dose) | 1 kleine Zwiebel (30 g) | 1 Knoblauchzehe | 200 g Champignons | 200 g kurze Nudeln (z. B. Orecchiette, eifrei) | Jodsalz | 1 EL Rapsöl | 200 g geschälte Tomaten (aus der Dose) | 75 ml Gemüsebrühe | Pfeffer | 1 EL Zitronensaft | 30 g Parmesan

1. Bohnen gut abtropfen lassen. Zwiebel und Knoblauch abziehen und fein würfeln. Champignons putzen und je nach Größe halbieren oder vierteln.
2. Nudeln nach Packungsanweisung in reichlich Salzwasser bissfest (al dente) kochen.
3. Öl erhitzen, Zwiebel- und Knoblauchwürfel darin scharf anbraten, Pilze dazugeben und mitbraten. Tomaten und Brühe zugeben, die Tomaten dabei grob zerkleinern. Zugedeckt 4 Minuten bei schwacher Hitze kochen. Bohnen dazugeben und weitere 3 Minuten kochen. Mit Salz, Pfeffer und Zitronensaft würzen.
4. Nudeln abgießen und gut abtropfen lassen. Unter das Pilz-Bohnen-Gemüse mischen und mit gehobeltem Parmesan bestreuen.

Überbackene Polentaschnitten

Für 2 Personen
Zubereitungszeit ca. 50 Minuten + Kühlzeit
Kalorienkiller: Protein, Capsaicin
Pro Portion ca. 530 kcal

*1 kleine Zwiebel (30 g) | 1/2 rote Paprikaschote
(100 g) | 1 kleine rote Chilischote | 1 EL Rapsöl |
1 kleiner Zweig Rosmarin | 1/2 l Gemüsebrühe |
125 g Instant-Polenta | 1/4 Bund Petersilie |
40 g Parmesan | Jodsalz | Pfeffer | 1/2 Kugel
Mozzarella*

1. Die Zwiebel schälen und fein hacken. Paprika und Chili waschen, längs halbieren, Trennwände und Kerne entfernen und die Schotenhälften in kleine Würfel schneiden.
2. Die Hälfte des Öls erhitzen und die Zwiebel darin andünsten. Paprika, Chili und Rosmarin kurz mitdünsten. Mit Gemüsebrühe ablöschen, aufkochen und Polenta unter Rühren einstreuen, aufkochen und 1 Minute bei mittlerer Hitze kochen lassen. Zugedeckt beiseitestellen und 10 Minuten quellen lassen.
3. Petersilienblättchen fein schneiden. Den Käse reiben und mit Petersilie und restlichem Öl unter die Polenta rühren. Mit Salz und Pfeffer würzen. Polenta auf Backpapier glatt streichen und abkühlen lassen.
4. Aus der Polenta mit einem angefeuchteten Messer Rechtecke oder Rauten schneiden. Diese auf ein mit Backpapier belegtes Backblech setzen, Mozzarella in dünne Scheiben schneiden und auf den Polentaschnitten verteilen. Im vorgeheizten Backofen bei 200 °C etwa 10 Minuten überbacken.

Gerösteter Maiskolben

Für 2 Personen
Zubereitungszeit ca. 35 Minuten
Kalorienkiller: Ballaststoffe, Capsaicin
Pro Portion ca. 240 kcal

*2 frische Maiskolben | Jodsalz | 2 TL Rapsöl |
Pfeffer | 10 g Parmesan | 1/2 Limette | Paprika-
pulver | Cayennepfeffer*

1. Die Hüllblätter und Fäden der Maiskolben abziehen. Maiskolben in Salzwasser zugedeckt etwa 15 Minuten kochen. Gut abtropfen lassen.
2. Maiskolben mit etwas Öl bestreichen und mit Salz und Pfeffer würzen. In einer heißen Grillpfanne rundherum unter Wenden braten, bis der Mais leicht geröstet ist.
3. Käse fein reiben, Limette in Spalten schneiden.
4. Den gebratenen Mais mit dem restlichen Öl bestreichen, mit Paprikapulver, Cayennepfeffer und Käse bestreuen. Limettenspalten dazu servieren.

Tipp: Geröstete Maiskolben gelingen auch auf dem Gartengrill hervorragend und sind eine köstliche Bereicherung für jedes Barbecue.

Vienenburger Pfannkuchen

Für 2 Personen
Zubereitungszeit ca. 30 Minuten + Ruhezeit
Kalorienkiller: Kalzium, Aminosäuren, Proteine
Pro Portion ca. 320 kcal

75 g Weizenmehl (Type 550) | 1/8 l entrahmte Milch (0,1 % Fett) | 1 Ei | eventuell etwas Mineralwasser mit Kohlensäure | Jodsalz | Pfeffer | 1 TL Diätmargarine | 100 g Harzer Käse mit Edelschimmel | 75 g gewürfelter gekochter Schinken

1. Mehl, Milch und Ei zu einem glatten Teig verrühren, eventuell mit etwas Mineralwasser verdünnen. Mit Salz und Pfeffer würzen und 15 Minuten ruhen lassen.
2. Eine beschichtete Pfanne mit Diätmargarine auspinseln und in zwei Portionen kleine Pfannkuchen ausbacken. Den Harzer Käse in dünne Scheiben schneiden, Schinken würfeln. Käse und Schinken auf den Pfannkuchen verteilen, die Eierkuchen zur Mitte hin umklappen, wenden und 1 bis 2 Minuten braten.
3. Pfannkuchen im Backofen bei 100 °C warm halten.

Tipp: **Grilltomaten sind eine ideale Ergänzung zu den pikanten Pfannkuchen.**

Käse-Lauch-Pfanne

Für 2 Personen
Zubereitungszeit ca. 45 Minuten
Kalorienkiller: Pellkartoffeln, Ballaststoffe, feste Speise
Pro Portion ca. 360 kcal

400 g kleine Kartoffeln | Jodsalz | 150 g Möhren | 300 g Porree | 2 TL Rapsöl | schwarzer Pfeffer | 150 g Beefsteakhack (Tatar) | Paprikapulver | 150 ml Gemüsebrühe | Muskat | 1–2 TL Zitronensaft | 100 g Mager-Kochkäse

1. Kartoffeln ungeschält 20 Minuten in Salzwasser garen, abgießen, pellen und in Scheiben schneiden.
2. Möhren schälen und in Scheiben schneiden, Porree putzen, waschen und in Ringe schneiden.
3. Öl erhitzen und die Möhrenscheiben darin etwa 5 Minuten andünsten, Porree dazugeben und weitere 10 Minuten dünsten lassen. Eventuell etwas Wasser hinzugeben. Mit Salz und Pfeffer würzen.
4. Hackfleisch mit Salz, Pfeffer und Paprikapulver würzen. Mit den Händen etwa 16 kleine Bällchen formen, zur Gemüsepfanne geben und anbraten. Brühe zugießen und mit Muskat würzen. Zugedeckt bei mittlerer Hitze 10 Minuten kochen. In den letzten 5 Minuten die Kartoffelscheiben zugeben und erhitzen.
5. Mit Zitronensaft, Pfeffer und Salz abschmecken, Kochkäse auf der Käse-Lauch-Pfanne verteilen und kurz zerlaufen lassen.

Cremige Desserts & andere Leckereien

Apfeldickmilch

Für 2 Personen
Zubereitungszeit ca. 20 Minuten
Kalorienkiller: Ballaststoffe, Pyruvat, Kalzium, Proteine
Pro Portion ca. 120 kcal

1 Mandarine | 250 g entrahmte Dickmilch (0,1 % Fett) | flüssiger Süßstoff | Mandelaroma | Zimt | 250 g Äpfel | 1–2 EL Zitronensaft | Minzblätter

1. Mandarine halbieren und auspressen. Den Saft mit Dickmilch verrühren und mit Süßstoff, Zimt und Mandelaroma abschmecken.
2. Äpfel waschen, das Kerngehäuse herausschneiden, das Fruchtfleisch würfeln und mit Zitronensaft beträufeln.
3. Apfelstücke und Dickmilch in hohe, schmale Gläser schichten, mit etwas Zimt bestreuen.

Tipp: **Äpfel haben mittlerweile das ganze Jahr Saison. Sie können aber ebenso gut auch Aprikosen, Birnen, Kirschen oder Erdbeeren mit der Dickmilch einschichten.**

Johannisbeer-Apfel-Salat mit Zimtjoghurt

Für 2 Personen
Zubereitungszeit ca. 25 Minuten
Kalorienkiller: Ballaststoffe, Probiotika, Pektin, Protein, Kalzium, Aminosäuren
Pro Portion ca. 105 kcal

2 Äpfel (400 g) | 2 TL Limettensaft | 200 g Rote frische oder TK-Johannisbeeren | 3 Stengel Zitronenmelisse | flüssiger Süßstoff | 200 g probiotischer Naturjoghurt (0,1 % Fett) | Zimt

1. Äpfel waschen, das Kerngehäuse herausschneiden und das Fruchtfleisch würfeln. Sofort mit Limettensaft beträufeln. Johannisbeeren waschen, abtropfen lassen und verlesen. Zitronenmelisse waschen und in feine Streifen schneiden. Beeren und Melisse mit den Apfelwürfeln mischen, mit etwas Süßstoff süßen.
2. Joghurt mit Zimt und Süßstoff cremig rühren und über das Obst gießen.

Quarkdessert mit Herbstaroma

Für 2 Personen
Zubereitungszeit ca. 25 Minuten
Kalorienkiller: Proteine, Zimt
Pro Portion ca. 220 kcal

*1 Apfel | 1 Birne | 2 EL Zitronensaft | 6 EL Apfelsaft |
1 Nelke | 1/2 EL Ahornsirup | 4–5 EL Mineralwasser
mit Kohlensäure | 2 EL Buttermilch | 250 g Mager-
quark | Zimt | flüssiger Süßstoff*

1. Apfel und Birne waschen, das Kerngehäuse
   herausschneiden und das Fruchtfleisch in
   mundgerechte Stücke schneiden. Mit Zitro-
   nen- und Apfelsaft aufkochen, die Nelke
   zugeben und zugedeckt 8 Minuten bei
   schwacher Hitze kochen. Das Kompott
   abkühlen lassen und mit Ahornsirup süßen.
   Die Nelke entfernen.
2. Mineralwasser und Buttermilch mit einem
   Schneebesen unter den Quark rühren. Mit
   Zimt und Süßstoff abschmecken. Kompott
   und Quark abwechselnd in zwei Dessertschalen schichten, mit etwas Zimt bestäuben.

Zimtbratapfel mit Quarkfülle

Für 2 Personen
Zubereitungszeit ca. 20 Minuten
+ Einweichzeit
**Kalorienkiller: Pektin, Vanille, Zimt, Kalzium,
Aminosäuren, Probiotika**
Pro Portion ca. 200 kcal

*einige Tropfen Rumaroma | 2 EL Rosinen | 2 Äpfel
(z. B. Boskop, 400 g) | 100 g Magerquark |
2–3 EL Mineralwasser mit Kohlensäure | Saft und
Schale von 1/2 Limette | Zimt | flüssiger Süßstoff |
1/2 Vanilleschote | 150 g probiotischer Natur-
joghurt (0,1 % Fett)*

1. Am Vorabend das Rumaroma mit etwas
   warmem Wasser verrühren. Die Rosinen
   darin über Nacht quellen lassen.
2. Äpfel waschen, das Kerngehäuse großzügig
   ausstechen.
3. Quark mit Mineralwasser cremig rühren, mit
   Rosinen, Limettensaft und -schale verrühren,
   mit Zimt, Süßstoff und Vanillemark
   abschmecken.
4. Quarkmasse in die Äpfel füllen, jeden Apfel
   einzeln in Alufolie wickeln und im vorgeheizten Backofen bei 180 ° C 25 bis 30 Minuten backen. Lauwarm abkühlen lassen und
   auswickeln.
5. Joghurt mit Vanillemark und Süßstoff
   abschmecken und zu den Zimtbratäpfeln
   servieren.

Marzipan-Himbeer-Dessert (Foto)

Für 2 Personen
Zubereitungszeit ca. 25 Minuten + Abkühlzeit
Kalorienkiller: Magnesium, Vanille, Aminosäuren
Pro Portion ca. 375 kcal

300 g TK-Himbeeren | 1 EL Himbeergeist | flüssiger Süßstoff | 20 g Marzipanrohmasse | 75 g probiotischer Naturjoghurt (0,1 % Fett) | 250 g Magerquark | 1 EL gemahlener Mohn | 1 TL Vanillezucker | einige Blättchen Minze

1. Einige schöne Himbeeren zum Garnieren beiseitelegen. Die restlichen Himbeeren mit 3 Esslöffel Wasser in einen Topf geben, einmal aufkochen. Die Himbeeren abkühlen lassen, mit Himbeergeist und Süßstoff abschmecken.
2. Marzipan in kleine Stücke schneiden und mit dem Joghurt pürieren. Quark, Mohn und Vanillezucker unterrühren. Eventuell mit etwas Süßstoff abschmecken.
3. Himbeeren und Mohn-Marzipan-Creme abwechselnd in zwei hohe Dessertgläser schichten. Mit den restlichen Himbeeren und Minzeblättchen garnieren.

Espresso-Dickmilch mit Himbeeren

Für 2 Personen
Zubereitungszeit ca. 15 Minuten
Kalorienkiller: niedriger Glyx, Kalzium, CLA, Koffein
Pro Portion ca. 70 kcal

200 g entrahmte Dickmilch (0,1 % Fett) | 1 kleine Tasse Espresso (40 ml) | flüssiger Süßstoff | Vanillearoma | 200 g Himbeeren

1. Dickmilch mit dem Espresso verrühren, mit Süßstoff und Vanillearoma abschmecken.
2. Himbeeren verlesen, in zwei Dessertschalen füllen und die Dickmilch darauf verteilen. Bis zum Servieren in den Kühlschrank stellen.

Schokoladenpudding mit Chili-Kirschen

Für 2 Personen
Zubereitungszeit ca. 40 Minuten
Kalorienkiller: CLA, Zimt, Vanille, Capsaicin
Pro Portion ca. 105 kcal

250 ml entrahmte Milch (0,1 % Fett) | 1 TL Kakao (stark entölt) | Jodsalz | 1/2 Vanilleschote | 2 EL Speisestärke | flüssiger Süßstoff | 100 g Sauerkirschen | Zimt | Cayennepfeffer

1. Milch mit Kakao, 1 Prise Salz und dem Vanillemark aufkochen. Stärke mit etwas kaltem Wasser glatt rühren und in die kochende Milch rühren. Den Pudding kalt stellen und mit Süßstoff abschmecken.
2. Sauerkirschen waschen, entkernen und mit Süßstoff und Zimt abschmecken, mit wenig Cayennepfeffer bestäuben.
3. Kirschen in zwei Schälchen füllen, den Pudding lauwarm darübergeben und vollständig abkühlen lassen.

Tipp: Sie können auch ungezuckerte Früchte aus dem Glas verwenden.

Zimtquark mit Vanille

Für 2 Personen
Zubereitungszeit ca. 5 Minuten
Kalorienkiller: Proteine, Zimt, Vanille, Kalzium, Aminosäuren
Pro Portion ca. 110 kcal

300 g Magerquark | 5–6 EL Mineralwasser mit Kohlensäure | flüssiger Süßstoff | Zimt | 1/2 Vanilleschote

1. Quark mit Mineralwasser cremig rühren und mit Süßstoff, Zimt und dem Vanillemark abschmecken.

Tipp: Dieser Quark ist ein Allroundtalent. Er macht nicht nur solo eine gute Figur, Sie können ihn ebenso gut zu Obstsalat oder Kompott genießen. Probieren Sie den Quark auch als Brotaufstrich.

Erdbeerquark mit grünem Pfeffer

Für 2 Personen
Zubereitungszeit ca. 20 Minuten
Kalorienkiller: CLA, Kalzium, Ballaststoffe, Aminosäuren
Pro Portion ca. 200 kcal

250 g Magerquark | 4–5 EL Mineralwasser mit Kohlensäure | flüssiger Süßstoff | 1/2 Vanilleschote | 2 EL Pistazien | 250 g Erdbeeren | 1/2 TL grüner Pfeffer | Kakaopulver | einige Blättchen Minze

1. Quark mit Mineralwasser cremig rühren und mit Süßstoff und Vanillemark abschmecken. Quark in zwei Schälchen füllen.
2. Pistazien grob hacken und in einer beschichteten Pfanne ohne Fett anrösten, bis sie duften. Erdbeeren waschen, trocknen und je nach Größe halbieren oder vierteln.
3. Erdbeeren, Pistazien und grob gehackten grünen Pfeffer auf dem Quark anrichten, mit Kakaopulver bestäuben, mit Minzeblättern garnieren.

Süße Bandnudeln mit Birnen-Pflaumen-Kompott

Für 2 Portionen
Zubereitungszeit ca. 40 Minuten
Kalorienkiller: Ballaststoffe, Vanille, Proteine, Kalzium
Pro Portion ca. 380 kcal

1 Birne (150 g) | 300 g Pflaumen | 1 Sternanis | 100 ml Pflaumensaft | 3 EL Limettensaft | 1 TL Speisestärke | 200 ml entrahmte Milch (0,1 % Fett) | 1 EL Honig | 1/2 Vanilleschote | 100 g Bandnudeln (eifrei) | einige Blättchen Zitronenmelisse

1. Birne waschen, schälen, halbieren, entkernen und klein schneiden. Pflaumen waschen und entsteinen. Sternanis, Pflaumen- und Limettensaft erhitzen. Pflaumen und Birnen darin etwa 4 Minuten zugedeckt dünsten. Das Obst mit einem Schaumlöffel herausheben. Den Saft aufkochen, die Stärke mit etwas kaltem Wasser anrühren und in den Fruchtsaft rühren. Einmal aufkochen, das Obst wieder zugeben und abkühlen lassen.
2. Milch, 200 Milliliter Wasser, Honig und Vanillemark in einem Topf aufkochen. Die Nudeln darin nach Packungsanweisung bei schwacher Hitze unter gelegentlichem Rühren garen (Achtung, kann leicht anbrennen).
3. Nudeln abtropfen lassen und mit dem Kompott auf zwei tiefen Tellern anrichten. Mit Zitronenmelisseblättchen garnieren.

Grüne Grütze

Für 2 Personen
Zubereitungszeit ca. 25 Minuten + Abkühlzeit
Kalorienkiller: Ballaststoffe, Vitamin C, Probiotika
Pro Portion ca. 200 kcal

1 Apfel (200 g) | 100 g grüne Trauben | 1/8 l Apfelsaft | 10 g Sago | 1 EL Rosinen | Zimtstange | 1/2 Vanilleschote | 1 Kiwi | 1–2 EL Limettensaft | flüssiger Süßstoff | 150 g probiotischer Vanillejoghurt (0,1 % Fett)

1. Apfel waschen, das Kerngehäuse herausschneiden und das Fruchtfleisch in Würfel schneiden. Trauben waschen und von den Stielen zupfen.
2. Apfelsaft, Sago, Rosinen, Zimtstange und Vanillemark aufkochen und bei schwacher Hitze 15 Minuten zugedeckt garen, bis der Sago glasig wird. Apfelwürfel und Trauben zugeben, 3 bis 4 Minuten weiterkochen.
3. Kiwi schälen, in Scheiben schneiden und zugeben. Mit Limettensaft und Süßstoff abschmecken. Die Grütze abkühlen lassen und die Zimtstange entfernen. Grütze mit cremig gerührtem Vanillejoghurt servieren.

Tipp: Verwenden Sie für die Rezepte nur reinen Saft. Bei Fruchtnektaren oder Fruchtsaftgetränken wird Zucker zugesetzt.

Johannisbeergrütze

Für 2 Personen
Zubereitungszeit ca. 25 Minuten + Abkühlzeit
Kalorienkiller: Ballaststoffe, Pektin, Vanille, niedrige Energiedichte
Pro Portion ca. 125 kcal

350 g Johannisbeeren (rot, schwarz, weiß) | 100 ml Apfelsaft | 15 g Sago | 1 Zimtstange | 1/2 Vanilleschote | flüssiger Süßstoff | 1–2 EL Zitronensaft

1. Johannisbeeren waschen und verlesen.
2. Apfelsaft und 6 Esslöffel Wasser mit Sago, Zimtstange und Vanillemark aufkochen und bei schwacher Hitze zugedeckt 15 Minuten garen, bis der Sago glasig wird.
3. Johannisbeeren zugeben, einmal aufkochen. Die Grütze abkühlen lassen, mit Süßstoff und Zitronensaft abschmecken und die Zimtstange entfernen.

Scharfes Birnenkompott

Für 2 Personen
Zubereitungszeit ca. 10 Minuten
Kalorienkiller: Zimt, Ingwer, Ballaststoffe
Pro Portion ca. 135 kcal

500 g Birnen | 1 EL Zitronensaft | 1 cm frischer Ingwer | 100 ml Apfelsaft | Zimt | flüssiger Süßstoff

1. Birnen waschen, das Kerngehäuse herausschneiden, das Fruchtfleisch würfeln und mit Zitronensaft beträufeln. Ingwer schälen und fein reiben.
2. Birnen und Ingwer mit 1/8 Liter Wasser und Apfelsaft etwa 3 Minuten bei mittlerer Hitze zugedeckt kochen. Abkühlen lassen und mit Zimt und Süßstoff abschmecken.

Tipp: Dieses Kompott schmeckt nicht nur als Dessert. Probieren Sie es zu Ziegen- oder Schafskäse oder als fruchtig scharfe Ergänzung zu Harzer Käse.

Rhabarberkompott mit Vanillejoghurt

Für 2 Personen
Zubereitungszeit ca. 25 Minuten + Abkühlzeit
Kalorienkiller: Ballaststoffe, Kalzium, Aminosäuren, Probiotika
Pro Portion ca. 90 kcal

400 g Rhabarber | 2 EL Zitronensaft | Zimtstange | 1/2 Vanilleschote | 1 EL Speisestärke | 50 g Erdbeeren | flüssiger Süßstoff | 150 g probiotischer Naturjoghurt (0,1 % Fett) | 2 EL Kondensmilch (4 % Fett) | Rumaroma | Vanillearoma

1. Rhabarber waschen, putzen und in Stücke schneiden. Mit Zitronensaft, 6 Esslöffel Wasser, Zimtstange und Vanillemark aufkochen und etwa 5 Minuten zugedeckt kochen. Die Stärke mit etwas kaltem Wasser glatt rühren, unter den Rhabarber rühren und einmal aufkochen. Erdbeeren waschen, putzen und vierteln. Unter den Rhabarber heben und das Kompott abkühlen lassen. Mit Süßstoff abschmecken.
2. Joghurt mit Kondensmilch cremig rühren und mit Süßstoff, Rum- und Vanillearoma abschmecken.

Tipp: Probieren Sie den Rhabarber schon nach 5 Minuten. Die verschiedenen Sorten haben sehr unterschiedliche Garzeiten.

Kuchen, Torten & süße Teilchen

Apfelmuskuchen (Foto)

Für 16 Stücke
Zubereitungszeit ca. 1 Stunde 30 Minuten
Kalorienkiller: Pektin, Zimt, Vitamin C, Ballaststoffe
Pro Portion ca. 220 kcal

150 g Rapsöl | 50 g Zucker | 1 1/2 TL Süßstoff | 4 Eier | 400 g Mehl (Type 550) | 4 EL Speisestärke | 1 Pck. Backpulver | 360 g Apfelmus (aus dem Glas) | 1 TL abgeriebene Zitronenschale | Zimt | Fett für die Form

1. Rapsöl, Zucker und Süßstoff sorgfältig verrühren, bis sich der Zucker aufgelöst hat. Eier einzeln zugeben und gut unterrühren.
2. Mehl, Stärke und Backpulver sorgfältig mischen und esslöffelweise unter die Eiermasse rühren. Apfelmus, Zitronenschale und Zimt unterrühren.
3. Teig in eine gefettete Gugelhupfform (Ø 22 cm) füllen und glatt streichen. Im vorgeheizten Backofen bei 180 °C etwa 1 Stunde backen. Kuchen in der Form 20 Minuten auskühlen lassen, erst dann auf einen Rost stürzen und ganz auskühlen lassen.

Tipp: Selbstverständlich können Sie auch pürierte Aprikosen oder Pfirsiche aus der Dose verwenden.

Johannisbeer-Quark-Waffeln

Für 2 Personen
Zubereitungszeit ca. 25 Minuten
Kalorienkiller: Aminosäuren, Kalzium, Ballaststoffe, Magnesium
Pro Portion ca. 305 kcal

1 Ei | Jodsalz | 2 TL Honig | 100 g Weizenvollkornmehl | 1 TL Backpulver | 100 g Magerquark | 1/8 l entrahmte Milch (0,1 % Fett) | 1/8 l Mineralwasser mit Kohlensäure | 50 g Rote Johannisbeeren | 1 TL Haselnussöl | Zimt

1. Das Ei trennen. Eiklar mit 1 Prise Salz steif schlagen. Eigelb mit Honig schaumig rühren. Mehl mit Backpulver mischen, über die Eigelbmasse sieben und unterrühren.
2. Quark, Milch und Mineralwasser verrühren, die Johannisbeeren waschen, abtropfen lassen und verlesen. Quark und Beeren unter den Teig rühren, zum Schluss den Eischnee ganz vorsichtig unterheben.
3. Das Waffeleisen dünn mit Haselnussöl einpinseln und nacheinander Waffeln backen. Mit Zimt bestreut servieren.

Käsekuchen ohne Boden mit Zimtapfel

Für 12 Stücke
Zubereitungszeit ca. 1 Stunde 20 Minuten
Kalorienkiller: Kalzium, Proteine, CLA, Pektin
Pro Stück ca. 120 kcal

einige Tropfen Rumaroma | 60 g Rosinen | 2 Eier | Jodsalz | 1 kg Magerquark | 1/8 l Mineralwasser mit Kohlensäure | 1 Pck. Vanillepuddingpulver (zum Kochen) | flüssiger Süßstoff | Zimt | Vanille-aroma | abgeriebene Schale von 1 Zitrone | 400 g Äpfel | Haselnussöl und Zwiebackbrösel für die Form

1. Rumaroma mit etwas Wasser verrühren, die Rosinen darin quellen lassen.
2. Die Eier trennen. Eiklar mit 1 Prise Salz steif schlagen. Eigelb cremig aufschlagen und mit Quark und Mineralwasser verrühren. Rosinen und Puddingpulver unterrühren, mit Süßstoff, Zimt, Vanillearoma und Zitronenschale abschmecken. Zum Schluss den Eischnee ganz vorsichtig unterheben.
3. Äpfel waschen, das Kerngehäuse herausschneiden und das Fruchtfleisch in dünne Spalten schneiden.
4. Eine Springform (Ø 24 cm) mit Öl ausfetten und mit Bröseln ausstreuen. Die Hälfte der Quarkmasse einfüllen, darauf 2/3 der Äpfel verteilen. Den restlichen Quark darübergeben und mit den übrigen Äpfeln belegen.
5. Den Kuchen im vorgeheizten Backofen bei 180 °C etwa 60 Minuten backen. Mit Zimt bestreut servieren.

Rhabarber-Apfel-Kuchen mit Baiserhaube

Für 12 Stücke
Zubereitungszeit ca. 60 Minuten
+ Zeit zum Aufgehen
Kalorienkiller: Ballaststoffe, Vanille
Pro Portion ca. 124 kcal

2 Eier | 250 g Mehl | 2 EL Zucker | 1/2 TL Süßstoff | Jodsalz | 1/8 l entrahmte Milch (0,1 % Fett) | 1/2 Würfel Hefe (oder 1 Pck. Trockenbackhefe) | 300 g Äpfel | 300 g Rhabarber | Fett für die Form | 1 Vanilleschote

1. Eier trennen. Mehl, 1 Teelöffel Zucker, Süßstoff, Salz, Milch, zerbröckelte Hefe und Eigelb mit den Knethaken des Handrührers zu einem glatten Teig kneten. Zugedeckt an einem warmen Ort aufgehen lassen.
2. Äpfel waschen, das Kerngehäuse herausschneiden und das Fruchtfleisch in Spalten schneiden. Rhabarber waschen, putzen und in Stücke schneiden.
3. Den Teig einmal durchkneten und in eine gefettete Tarteform (Ø 26 cm) geben. Mit den Händen in die Form drücken. Früchte auf dem Teig verteilen.
4. Den Kuchen im vorgeheizten Backofen bei 200 °C etwa 25 Minuten backen.
5. Eiklar mit 1 Prise Salz, Vanillemark und dem restlichen Zucker steif schlagen und mit einem Esslöffel auf dem Kuchen verteilen. Den Kuchen noch einmal etwa 15 Minuten backen, bis die Baiserhaube hellbraune Spitzen bekommt.

Pikantes Zimtbrot

Für 14 Stücke
Zubereitungszeit ca. 60 Minuten
+ Zeit zum Gehen
Kalorienkiller: Zimt, Jod
Pro Stück ca. 180 kcal

1 Pck. Trockenbackhefe | 2 EL Zucker | 500 g Weizenmehl (Type 550) | 1 TL Jodsalz | 4 EL Rapsöl | 1 EL abgeriebene Zitronenschale | 1 1/2 TL Süßstoff | 2 TL Zimt | 40 g weiche Halbfettbutter | Mehl für die Arbeitsfläche | Fett für die Form

1. Hefe, 1 Esslöffel Zucker, Mehl, Salz, Öl und 1/4 Liter lauwarmes Wasser mit den Knethacken des Handrührgeräts zu einem festen, elastischen Teig verkneten. Zugedeckt an einem warmen Ort aufgehen lassen.
2. Zitronenschale, restlichen Zucker, Süßstoff und Zimt mit Butter verrühren.
3. Teig auf einer bemehlten Arbeitsfläche durchkneten und zu einer Fläche von 50 x 30 cm ausrollen. Teig mit Butter und Zimtmischung bestreichen und aufrollen.
4. Die Rolle halbieren, eine Hälfte mit der Naht nach unten in eine gefettete Kastenform (Länge 28 cm) geben, etwas flach drücken. Die andere Hälfte daraufsetzen und mit einem scharfen Messer der Länge nach einschneiden, sodass beide Enden noch zusammenhalten. Die Form abgedeckt weitere 30 Minuten gehen lassen.
5. Das Brot im vorgeheizten Ofen bei 200 °C etwa 35 Minuten backen, nach 20 Minuten eventuell mit Alufolie abdecken.

Zwetschgendatschi

Für 18 Stücke
Zubereitungszeit ca. 60 Minuten
+ Zeit zum Aufgehen
Kalorienkiller: Ballaststoffe, Kalzium
Pro Stück ca. 160 kcal

250 g Mehl | 250 g Weizenvollkornmehl | 1 Pck. Trockenbackhefe | 1/2 TL Jodsalz | 1 TL Süßstoff | 1/4 l entrahmte Milch (0,1 % Fett) | 3 EL Rapsöl | 1,5 kg Zwetschgen | Fett für das Backblech

1. Beide Sorten Mehl in eine Schüssel sieben. Trockenbackhefe, Salz, Süßstoff, Milch und Öl zugeben und mit den Knethaken des Handrührers zu einem glatten Teig verkneten. Zugedeckt an einem warmen Ort zur doppelten Größe aufgehen lassen.
2. Die Zwetschgen waschen, halbieren, entsteinen und vierteln.
3. Den Teig auf dem gefetteten Backblech ausrollen und die Zwetschgen schuppenförmig darauf verteilen.
4. Den Kuchen im vorgeheizten Backofen bei 200 °C etwa 35 Minuten backen. Lauwarm servieren.

Tipp: Der Kuchen gelingt mit Zwetschgen weit besser als mit den frühen Pflaumensorten. Diese enthalten zu viel Flüssigkeit und feuchten den Hefeteig zu sehr durch.

Kirsch-Grieß-Kuchen

Für 8 Stücke
Zubereitungszeit ca. 1 Stunde 40 Minuten
Kalorienkiller: Proteine, Ballaststoffe
Pro Stück ca. 190 kcal

*2 Eier | 2 EL Rapsöl | 40 g Zucker | 1 TL Süßstoff |
1 Pck. Vanillezucker | 250 g entrahmter Natur-
joghurt (0,1 % Fett) | 250 g Hartweizengrieß |
2 TL Backpulver | 200 g abgetropfte Kirschen (aus
dem Glas) | 2 TL Puderzucker*

1. Die Eier trennen. Eigelb mit Öl, Zucker,
   Süßstoff und Vanillezucker sehr cremig rühren. Joghurt, Grieß und Backpulver unterrühren. Eiweiß mit 1 Prise Salz steif schlagen, Eischnee vorsichtig unter den Teig
   heben.
2. Eine rechteckige Backform (1,2 Liter Inhalt)
   fetten und mit Mehl ausstreuen. Die Hälfte
   des Teigs einfüllen. Kirschen darauf verteilen
   und mit dem restlichen Teig bedecken.
3. Im vorgeheizten Backofen bei 170 °C 70 bis
   80 Minuten backen, nach 50 Minuten eventuell mit Alufolie abdecken. Den Kuchen nach
   dem Backen 15 Minuten in der Form belas-
   sen, dann auf ein Gitter gestürzt auskühlen
   lassen. Mit Puderzucker bestreut servieren.

Tipp: Für einen Schoko-Kirsch-Kuchen
geben Sie 3 Teelöffel stark entölten Kakao
und 3 Esslöffel entrahmte Milch zum Teig.

Quark-Kirsch-Taschen

Für 10 Stück
Zubereitungszeit ca. 1 Stunde 10 Minuten
+ Ruhezeit
Kalorienkiller: Proteine
Pro Stück ca. 180 kcal

*125 g Magerquark | 1 1/2 EL Rapsöl | 4 EL entrahm-
te Milch (0,1 % Fett) | Jodsalz | flüssiger Süßstoff |
150 g Mehl | 1/2 Pck. Backpulver | 100 g Sauerkir-
schen (frisch oder aus dem Glas) | Mehl für die
Arbeitsfläche | Vanillearoma | 1–2 EL Mineralwas-
ser mit Kohlensäure*

1. 80 g Quark mit Rapsöl, 2 Esslöffel Milch,
   1 Prise Salz und 1/2 Teelöffel Süßstoff verrühren. Mehl und Backpulver über die
   Quarkmasse sieben. Mit den Knethaken zu
   einem glatten Teig verarbeiten. Den Teig
   30 Minuten im Kühlschrank ruhen lassen.
2. Die Kirschen waschen, abtropfen lassen und
   entkernen, Früchte aus dem Glas gut abtropfen lassen.
3. Den Teig auf einer bemehlten Arbeitsfläche
   dünn ausrollen und mit einer Ausstechform
   (Ø 10 cm) Kreise ausstechen.
4. Den restlichen Quark mit einigen Tropfen
   Süßstoff, wenig Vanillearoma und Mineralwasser glatt rühren. Die Teigkreise mit
   Quarkcreme bestreichen und die Kirschen
   darauf verteilen. Die Teigränder mit der restlichen Milch bestreichen und umklappen.
5. Die Quarktaschen mit der restlichen Milch
   bestreichen und auf ein mit Backpapier
   belegtes Blech setzen. Im vorgeheizten Backofen bei 200 °C etwa 30 Minuten backen.

Quarkauflauf mit Aprikosen

Für 2 Personen
Zubereitungszeit ca. 60 Minuten
Kalorienkiller: Proteine, Aminosäuren, Zimt
Pro Portion ca. 270 kcal

400 g Magerquark | 1/2 Tasse Mineralwasser mit Kohlensäure | 1 EL Mandelpuddingpulver | Zimt | flüssiger Süßstoff | Mandelaroma | 50 g getrocknete Aprikosen | 1 EL Rosinen | 1/2 Apfel (100 g) | Fett für die Form

1. Quark mit Mineralwasser und Puddingpulver verrühren, mit Zimt, Süßstoff und Mandelaroma abschmecken. Aprikosen in Streifen schneiden und zusammen mit den Rosinen und dem grob geraspelten Apfel unterheben.
2. Die Quarkmasse in eine gefettete, ofenfeste Form füllen, mit Alufolie abdecken und im vorgeheizten Backofen bei 180 °C etwa 35 Minuten backen.

Milchreis mit Orangen-Ingwer-Kompott

Für 2 Personen
Zubereitungszeit ca. 40 Minuten + Kühlzeit
Kalorienkiller: CLA, Vanille, Ingwer, Vitamin C
Pro Portion ca. 300 kcal

1/2 l entrahmte Milch (0,1 % Fett) | 60 g Milchreis | Jodsalz | 1/2 Vanilleschote | flüssiger Süßstoff | 2 Orangen (400 g) | 2 cm frischer Ingwer | 150 ml Orangensaft

1. Milch, Reis, 1 Prise Salz und Vanillemark in einem kalt ausgespülten Topf zum Kochen bringen. Reis bei schwacher Hitze ausquellen lassen. Den Reis abkühlen lassen und mit Süßstoff abschmecken.
2. Orangen filetieren, dabei den Saft auffangen. Ingwer schälen und fein reiben. Orangensaft aufkochen, Ingwer und Orangenfilets darin ca. 3 Minute bei schwacher Hitze kochen. Das Kompott abkühlen lassen und zum Milchreis servieren.

Tipp: **Das Ingwerkompott gelingt auch mit anderen Zitrusfrüchten. Clementinen haben einen milderen, nicht so säurebetonten Charakter, Grapefruits bringen eine leicht bittere Note ins Spiel.**

121

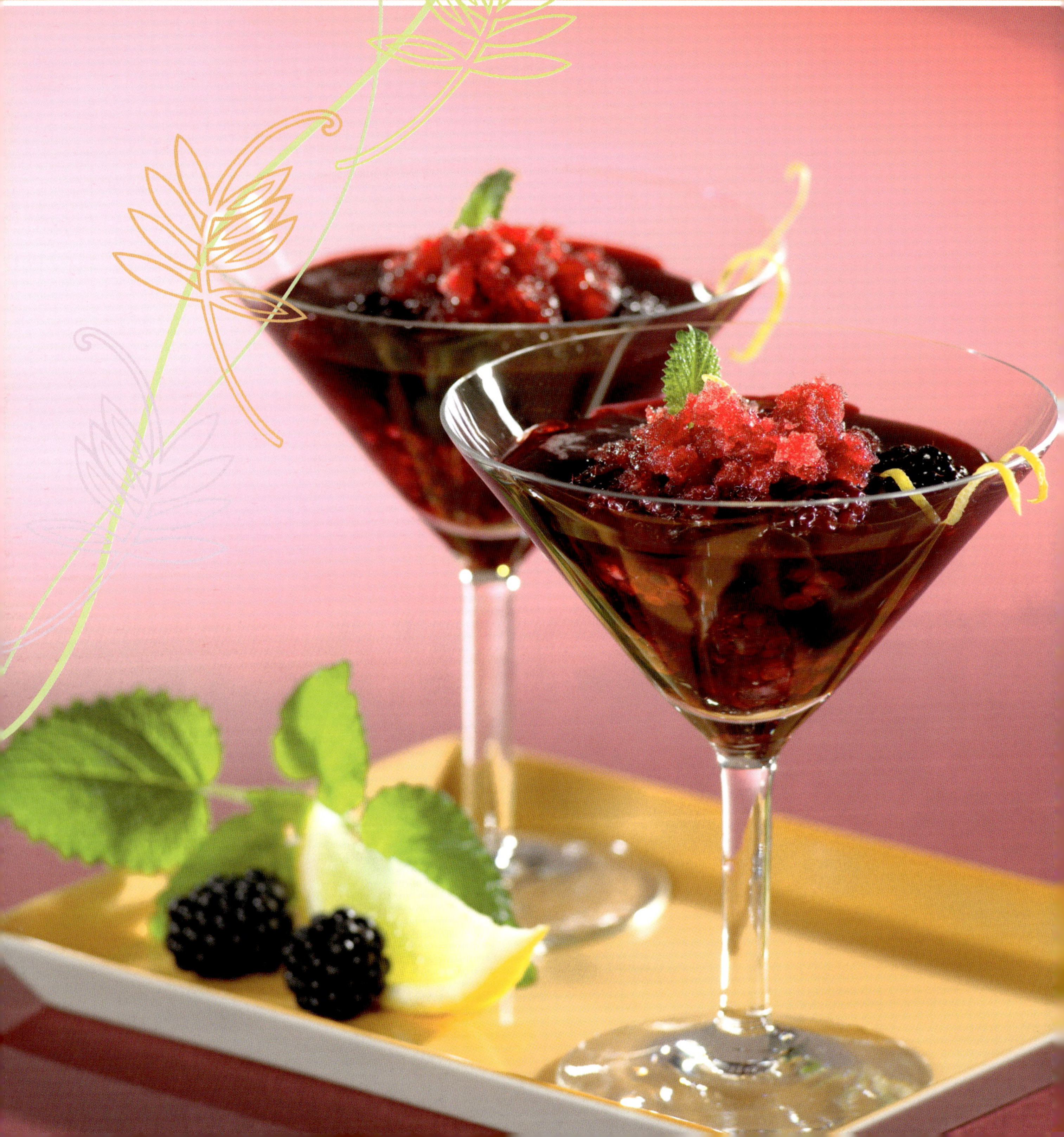

Brombeer-Granita (Foto)

Für 2 Personen
Zubereitungszeit ca. 30 Minuten + Kühlzeit
Kalorienkiller: Magnesium, Vitamin C
Pro Portion ca. 200 kcal

*3 EL Zitronensaft | 1 EL brauner Zucker |
1/4 l Kirschsaft | 250 g Brombeeren | 1/2 TL Speise-
stärke | 1 EL Rum | 1/2 TL flüssiger Süßstoff*

1. Zitronensaft erhitzen und den Zucker darin
   auflösen. Kirschsaft zugeben, den Saft in eine
   flache Schale füllen und abkühlen lassen.
   Abgedeckt mindestens 3 Stunden einfrieren,
   dabei alle 30 Minuten umrühren.
2. Brombeeren waschen und verlesen. Die
   Früchte mit 1/8 Liter Wasser aufkochen und
   etwa 5 Minuten bei schwacher Hitze kochen.
   Stärke mit Rum glatt rühren und in die
   Brombeeren einrühren. Einmal aufkochen
   und das Kompott abkühlen lassen. Mit Süßstoff abschmecken.
3. Brombeeren auf zwei Dessertgläser verteilen.
   Granita erneut kräftig durchrühren und auf
   das Kompott geben.

Tipp: Statt Kirschsaft können Sie auch
einen hellen Saft, zum Beispiel Apfelsaft,
verwenden. Das ergibt beim Einschichten
einen hübschen Farbkontrast.

Zwetschgen-Blitzeis

Für 2 Personen
Zubereitungszeit ca. 45 Minuten
Kalorienkiller: Ballaststoffe, Vanille
Pro Portion ca. 130 kcal

*100 ml fettreduzierte Schlagsahne (z. B. Creme-
fine zum Schlagen) | 1 TL Vanillezucker |
300 g Zwetschgen | 2 TL flüssiger Süßstoff |
1 EL Zwetschgengeist*

1. Sahne halb steif schlagen und Vanillezucker
   einrieseln lassen. Kalt stellen.
2. Zwetschgen waschen, halbieren, entsteinen
   und die Fruchthälften auf einer flachen Schale für 30 Minuten in die Gefriertruhe stellen.
3. Die gefrorenen Früchte, Süßstoff und
   Zwetschgengeist im Mixer fein pürieren. Mit
   einem Eisportionierer etwa sechs Kugeln
   abstechen und je drei in einem Schälchen
   anrichten. Die Sahne gleichmäßig darauf verteilen und sofort servieren.

Tipp: Verwenden Sie keine völlig durchge-
frorenen Früchte. Damit könnte Ihr Mixer
Schwierigkeiten bekommen.

Kalorienkiller-Getränke

Schwarzer Zimttee

Für 1 Liter
Zubereitungszeit ca. 5 Minuten
Kalorienkiller: Wasser, Koffein, Zimt
Pro Tasse (1/8 l) ca. 0 kcal

3 EL Teeblätter (z. B. Assam) | 1/2 Zimtstange | Zimtpulver | flüssiger Süßstoff

1. Teeblätter und Zimtstange mit 1 Liter kochendem Wasser überbrühen, etwa 3 Minuten ziehen lassen, abgießen.
2. Mit etwas Zimt bestäuben und nach Geschmack mit Süßstoff süßen.

Tipp: Wer mag, kann den Tee mit etwas entrahmter Milch oder leichter Kondensmilch verrühren. Der Tee schmeckt auch als Eistee köstlich.

Kalorienkiller-Tee

Für 1 Liter
Zubereitungszeit ca. 5 Minuten
Kalorienkiller: Koffein, Wasser, Vanille, Ingwer, Zimt
Pro Tasse (1/8 l) ca. 0 kcal

1/2 cm frischer Ingwer | 1/2 Vanilleschote | 1 Zimtstange | 2 EL Teeblätter (z. B. Ostfriesenmischung) | 2–3 EL Limettensaft | flüssiger Süßstoff | Zimtpulver

1. Ingwer in Scheiben schneiden, die Vanilleschote aufschneiden. Ingwer, Vanille, Zimtstange und Teeblätter mit 1 Liter kochendem Wasser überbrühen, etwa 3 Minuten ziehen lassen, abgießen.
2. Limettensaft einrühren, nach Geschmack mit Süßstoff süßen und mit etwas Zimt bestäuben.

Tipp: Je nach Geschmack und Tageszeit können Sie den Tee etwas kürzer oder länger ziehen lassen. Nach 1 bis 2 Minuten wirkt er anregend, nach 5 Minuten beruhigend. Der eher herbe und kräftige Ostfriesentee ist nicht jedermanns Sache. Versuchen Sie auch milden Darjeeling, würzigen Ceylon oder blumigen Earl- Grey-Tee, der mit Bergamotte aromatisiert wird.

Kalorienkiller-Kaffee

Für 1/2 Liter
Zubereitungszeit ca. 5 Minuten
Kalorienkiller: Koffein, Wasser, Capsaicin
Pro Tasse (1/8 l) ca. 0 kcal

*4 EL gemahlener Kaffee | Zimt | Kakaopulver
(stark entölt) | Cayennepfeffer | Jodsalz*

1. Kaffeepulver mit je einer Messerspitze Zimt, Kakaopulver und Cayennepfeffer und einer Prise Salz in den Kaffeefilter geben.
2. Mit 1/2 Liter kochendem Wasser überbrühen. Mit Süßstoff nach Geschmack süßen.

Tipp: **Wenn Sie Ihren Kaffee in einem Kaffeevollautomaten zubereiten, der die ganzen Kaffeebohnen direkt vor dem Brühen mahlt, geben Sie die Gewürze direkt in die Tasse, die Sie unter den Auslauf der Maschine stellen.**

Zimtkakao

Für 1/2 Liter
Zubereitungszeit ca. 10 Minuten
Kalorienkiller: Kalzium, Vanille
Pro Tasse (1/8 l) ca. 60 kcal

*1/2 Vanilleschote | 1/2 l entrahmte Milch
(0,1 % Fett) | 4 TL Kakaopulver (stark entölt) |
1 TL Zimt | Jodsalz | flüssiger Süßstoff*

1. Vanilleschote aufschneiden und das Mark herauskratzen. Milch, Vanilleschote und -mark, Kakaopulver, Zimt und 1 Prise Salz verrühren und aufkochen.
2. Die Vanilleschote herausnehmen und den Kakao mit Süßstoff abschmecken.

Tipp: **Es empfiehlt sich, einen kleinen Vorrat im Kühlschrank zu haben. Der Kakao schmeckt warm oder kalt und hilft hervorragend, wenn Appetit nach Süßem aufkommt. Schon der Duft von Vanille besänftigt das Verlangen nach Süßigkeiten, wie Wissenschaftler beweisen konnten. Lassen Sie den frisch zubereiteten Kakao rasch abkühlen, und lagern Sie ihn gut verschlossen im Kühlschrank. So hält er sich 2 bis 3 Tage frisch.**

Scharfer Tomatendrink

Für 1 Liter
Zubereitungszeit ca. 15 Minuten
Kalorienkiller: Capsaicin, niedriger Glyx, Wasser
Pro Glas (1/4 l) ca. 40 kcal

1 kleine weiße Zwiebel (30 g) | 800 g geschälte Tomaten (aus der Dose) | 200 ml Mineralwasser mit Kohlensäure | 2–3 EL Limettensaft | Tabasco | Jodsalz | 1/2 kleine Chilischote | 1/4 Bund Schnittlauch

1. Zwiebel abziehen und fein würfeln. Dosentomaten zusammen mit Mineralwasser und Zwiebelwürfeln in ein hohes Gefäß geben und pürieren. Mit Limettensaft, Tabasco und wenig Jodsalz abschmecken.
2. Chilischote waschen, entkernen und fein schneiden. Achtung: Hände nach dem Chilischneiden gut waschen. Schnittlauch waschen, trocknen und in feine Röllchen schneiden. Den Tomatendrink in Gläser füllen, mit Chili und Schnittlauch bestreut servieren.

Tipp: Aufgesprudeltes Trinkwasser ist praktisch, es enthält jedoch nie die Menge an Mineralstoffen, die ein natürliches Mineralwasser aufweist.

Johannisbeer-Joghurt-Drink

Für 1 Liter
Zubereitungszeit ca. 10 Minuten
Kalorienkiller: Proteine, Aminosäure, Kalzium, Pektin, Wasser, Probiotika
Pro Glas (1/4 l) ca. 50 kcal

200 g Rote Johannisbeeren | 500 g probiotischer Naturjoghurt (0,1 % Fett) | 300 ml Mineralwasser mit Kohlensäure | 2–3 EL Limettensaft | 1/2 Vanilleschote | flüssiger Süßstoff

1. Johannisbeeren waschen und verlesen. Joghurt, Mineralwasser und Johannisbeeren in einem hohen Gefäß pürieren.
2. Den Drink mit Limettensaft, Vanillemark und Süßstoff abschmecken.

Tipp: Auch als herzhafter Joghurtdrink ein Genuss: Statt Johannisbeeren, Vanilleschote und Süßstoff ein Stück Gurke, ein paar frische Kräuter und eine Prise Salz mit Joghurt und Mineralwasser pürieren.

Sanddornmilch

Für 1/2 Liter
Zubereitungszeit ca. 5 Minuten
Kalorienkiller: CLA, Kalzium, Vitamin C, Wasser
Pro Glas (1/4 l) ca. 110 kcal

1/2 l entrahmter Kefir (0,1 % Fett) | 40 g Vollfrucht-Sanddorn | flüssiger Süßstoff

1. Den Kefir mit Sanddorn im Mixer gut verquirlen und mit Süßstoff abschmecken.

Tipp: Mit Sanddorn gönnen Sie Ihrem Körper eine Extraportion Vitamin C. Andere Vitamin-C-Bomben sind Hagebutten und Schwarze Johannisbeeren.

Kalorienkiller-Mineralwasser

Für 1 Liter
Zubereitungszeit ca. 10 Minuten
+ Zeit zum Durchziehen
Kalorienkiller: Wasser, Ingwer, Vitamin C
Pro Glas (1/4 l) ca. 0 kcal

1 cm frische Ingwerknolle | 1 Stengel Zitronengras | 1 Limette | 1 l Mineralwasser mit Kohlensäure | flüssiger Süßstoff

1. Ingwer schälen und in Scheiben schneiden, Zitronengras waschen, putzen und grob schneiden. Limette auspressen.
2. Mineralwasser mit Ingwer, Zitronengras und Limettensaft in eine Karaffe oder Flasche füllen und mit Süßstoff nach Geschmack süßen. Über Nacht im Kühlschrank ziehen lassen.

Tipp: Sie können aus einer Flasche Mineralwasser etwa 1/2 Glas abgießen und das Kalorienkiller-Mineralwasser direkt in der Flasche ansetzen.

Heiße Chili-Schokolade (Foto)

Für 1/2 Liter
Zubereitungszeit ca. 15 Minuten
Kalorienkiller: Vanille, Capsaicin, Proteine
Pro Tasse (1/8 l) ca. 95 kcal

*1/2 kleine Chilischote | 1/2 Vanilleschote |
40 g Zartbitterschokolade | 1/2 l entrahmte Milch
(0,1 % Fett) | Jodsalz | 20 g flüssiger Honig*

1. Chilischote waschen und grob schneiden.
   Achtung: Hände nach dem Chilischneiden
   gründlich waschen. Vanilleschote aufschneiden und das Mark herauskratzen. Schokolade grob zerbrechen.
2. Milch, Vanilleschote und -mark, Schokolade,
   Chilistückchen und 1 Prise Salz langsam
   unter Rühren erhitzen.
3. Die heiße Schokolade durch ein Sieb gießen
   und mit Honig süßen.

Tipp: Sie lieben Eiscreme? Füllen Sie die
Chili-Schokolade in kleine Eisförmchen
oder eine flache Schale. Ein Kalorienkiller-
Genuss für heiße Sommertage.

Vanillemilchkaffee

Für 1/2 Liter
Zubereitungszeit 10 Minuten
Kalorienkiller: CLA, Vanille, Koffein, Kalzium
Pro Tasse (1/8 l) ca. 60 kcal

*1 Vanilleschote | 1/4 l entrahmte Milch
(0,1 % Fett) | 1–2 EL Kaffeepulver*

1. Vanilleschote aufschneiden und das Mark
   herauskratzen. Milch mit der Schote und
   dem Mark kurz aufkochen lassen. Schote
   entfernen.
2. Kaffeepulver mit 1/4 Liter Wasser überbrühen, den heißen Kaffee mit der Milch verrühren.

Tipp: Wenn Sie einen Milchaufschäumer
besitzen, können Sie sich aus den Zutaten
einen Vanille-Cappuccino zubereiten.

Tabelle zur Energiedichte

Lebensmittel mit einer niedrigen Energiedichte enthalten nur wenige Kalorien pro 100 Gramm. Mit diesen Lebensmitteln erreichen Sie problemlos eine kalorienarme Sättigung. Lebensmittel mit hoher Energiedichte liefern bei wenig Gewicht leider sehr viele Kalorien mit. Hier finden Sie die besten Lebensmittel mit niedriger Dichte und die gefährlichsten mit hoher Dichte.

Niedrige Energiedichte – die 30 energieärmsten Lebensmittel

Fast kalorienfreie Lebensmittel
(Kilokalorien pro 100 Gramm Lebensmittel):

Radieschen	14,6 kcal/100 g
Tomatensaft	14,6 kcal/100 g
Feldsalat	14,3 kcal/100 g
Champignons (Konserve)	14,1 kcal/100 g
Spargel (Konserve)	13,9 kcal/100 g
Chinakohl	13,6 kcal/100 g
Rettich	13,6 kcal/100 g
Gartenkürbis	13,4 kcal/100 g
Eisbergsalat	13,1 kcal/100 g
Rhabarber	13,1 kcal/100 g
Schwarzwurzel (Konserve)	12,9 kcal/100 g
Papaya, frisch	12,9 kcal/100 g
Gurke, frisch	12,2 kcal/100 g
Gewürzgurken	12,0 kcal/100 g
Artischockenböden (Konserve)	12,0 kcal/100 g
Kaffee mit Milch und Zucker	11,7 kcal/100 g
Kopfsalat	11,7 kcal/100 g
Pfifferlinge	11,5 kcal/100 g
Steinpilze (Konserve)	11,2 kcal/100 g
Endivien	11,0 kcal/100 g
Bambussprossen	10,5 kcal/100 g
Tee, schwarz, mit Milch und Zucker	10,0 kcal/100 g
klare Suppe mit Einlage	10,0 kcal/100 g
Tee, schwarz, mit Zucker	8,4 kcal/100 g
Pfifferlinge (Konserve)	6,7 kcal/100 g
Kaffee mit Milch	4,1 kcal/100 g
Limonaden, kalorienarm	2,6 kcal/100 g
Tee, schwarz, mit Milch	2,4 kcal/100 g
Kaffee	2,2 kcal/100 g
Tee	0,5 kcal/100 g

Wenn Sie sich energiearm ernähren möchten, setzen Sie am besten auf Suppen. Hier werden Sie mit wenigen Kalorien in der Regel schnell satt – Beispiele finden Sie im Rezeptteil auf S. 59 ff.

Hohe Energiedichte – die 30 größten Kalorienbomben

Energiereiche Lebensmittel
(Kilokalorien pro 100 Gramm Lebensmittel):

Frittierfett	884,1 kcal/100 g
Maiskeimöl	883,4 kcal/100 g
Lebertran	882,6 kcal/100 g
Sonnenblumenöl	882,6 kcal/100 g
pflanzliche Öle Linolsäure 30–60 %	882,6 kcal/100 g
Schweineschmalz	882,2 kcal/100 g
Olivenöl	881,7 kcal/100 g
Butterschmalz	881,0 kcal/100 g
Sesamöl	880,7 kcal/100 g
Distelöl (Safloröl)	880,0 kcal/100 g
Traubenkernöl	880,0 kcal/100 g
Weizenkeimöl	880,0 kcal/100 g
Walnussöl	880,0 kcal/100 g
Erdnussöl	879,8 kcal/100 g
Kokosfett, gehärtet	878,8 kcal/100 g
Palmkernfett	878,1 kcal/100 g
Bratfett	878,1 kcal/100 g
Sojaöl	871,9 kcal/100 g
Rindertalg	861,1 kcal/100 g
Mayonnaise	789,3 kcal/100 g
Mayonnaise 80% Fett	743,8 kcal/100 g
Butter	741,2 kcal/100 g
Margarine zum Kochen	709,8 kcal/100 g
Diätmargarine	709,8 kcal/100 g
Margarine, linolsäurereich	709,1 kcal/100 g
Paranüsse	660,4 kcal/100 g
Walnüsse	654,4 kcal/100 g
Haselnüsse	636,2 kcal/100 g
Pistazien, geröstet und gesalzen	615,0 kcal/100 g
Kokosnussraspel	610,7 kcal/100 g

Die Kalorienkiller und ihre Wirkungen im Überblick

Kalorienkiller	Wirkung	Wirkungsmechanismus
Algen	Stoffwechselaktivierung – Sättigung	Jodgehalt, Vitalstoffe – Fasern, niedrige Energiedichte, niedriger Glyx
Aminosäuren (siehe essenzielle Aminosäuren)		
Äpfel	Sättigung	Pektingehalt, Ballaststoffe, Vitalstoffe, niedrige Energiedichte, niedriger Glyx
Capsaicin	Stoffwechselaktivierung	fördert die Thermogenese – löst Fettzellen auf
Chitosan	Sättigung, Fettausscheidung	fördert als tierischer Ballaststoff die Sättigung, bindet Cholesterin und (etwas) Fett
Chrom	Stoffwechselaktivierung	Blutzuckerregulation, fördert die Fettverbrennung
CLA (siehe konjugierte Linolsäure)		
Essen	Stoffwechselaktivierung	Nur bei ausreichender Kalorien-, Nähr- und Wirkstoffzufuhr kann der Stoffwechsel optimal ablaufen und die Muskeln werden nicht abgebaut.
essenzielle Aminosäuren	Hormonaktivierung	Bildung von schlank machenden Hormonen und Baustein für die Muskulatur

Die Kalorienkiller und ihre Wirkungen im Überblick

Kalorienkiller	Wirkung	Wirkungsmechanismus
Gemüse	Sättigung, Stoffwechselaktivierung	Ballaststoffe, Vitalstoffe, niedrige Energiedichte, niedriger Glyx
Gewürze	Stoffwechselaktivierung	Vitalstoffe – Geschmack und dadurch Meidung von dick machendem Glutamat
Harzer Käse	Stoffwechselaktivierung, Sättigung	Proteine, Aminosäuren, Kalzium, B-Vitamine
Ingwer	Stoffwechselaktivierung	fördert die Thermogenese – löst Fettzellen auf
Jod	Stoffwechselaktivierung	Bildung von Schilddrüsenhormonen
Johannisbeeren	Stoffwechselaktivierung, Sättigung	Vitalstoffe, Vitamin C, Ballaststoffe
Kalzium	Stoffwechselaktivierung	
Knäckebrot	Sättigung	Ballaststoffe
Koffein	Stoffwechselaktivierung	Wirkung des Koffeins auf den Energiestoffwechsel sowie das Herz-Kreislauf-System
konjugierte Linolsäure	Muskelstärkung	verdrängt Fettgewebe und fördert die Muskelmasse
Kräuter	Stoffwechselaktivierung	Vitalstoffe – Geschmack und dadurch Meidung von dick machendem Glutamat

133

Die Kalorienkiller und ihre Wirkungen im Überblick

Kalorienkiller	Wirkung	Wirkungsmechanismus
Lammfleisch	Stoffwechselaktivierung	L-Carnitin, Förderung der Fettverbrennung und der Thermogenese, Förderung der Regeneration und fördert in Kombination mit L-Carnitin die Fettverbrennung, Training
L-Carnitin (siehe Lammfleisch)		
Mineralstoffe	Stoffwechselaktivierung	Enzymaktivatoren
Magnesium	Stoffwechselaktivierung	Enzymaktivator
MCT-Fette	Stoffwechselaktivierung	fördert die Thermogenese und die Fettverbrennung
niedrige Energiedichte	Sättigung	fördert Sättigung und Fettverbrennung
niedriger Glyx/GL	Stoffwechselaktivierung	hemmt den Hyperinsulinismus, fördert die Fettverbrennung und die Sättigung
Obst	Sättigung, Stoffwechselaktivierung	Ballaststoffe, Vitalstoffe, niedrige Energiedichte, niedriger Glyx
Omega-3-Fettsäuren	Stoffwechselaktivierung	senkt die Blutfette, vermindert die Insulinresistenz und fördert in Kombination mit L-Carnitin die Fettverbrennung
Protein	Stoffwechselaktivierung, Sättigung	Baustein für die Muskeln

Die Kalorienkiller und ihre Wirkungen im Überblick

Kalorienkiller	Wirkung	Wirkungsmechanismus
Quellstoffe (Pektin)	Sättigung, Fettausscheidung	Ballaststoff fördert die Sättigung und bringt Fett im Darm zur Ausscheidung
resistente Stärke	Sättigung	Ballaststoffe, fördert die Sättigung
Seelachs	Sättigung, Stoffwechselaktivierung	Proteine sättigen, erhalten die Muskeln, und Jod ist für die Bildung von Schilddrüsenhormonen nötig.
Süßstoffe	kalorienfrei	Süßen ohne Kalorien
ungesättigte Fettsäuren	Stoffwechselaktivierung	hemmen die Insulinresistenz
Vanille	Appetithemmung	Geruch hemmt die Schokoladenlust.
Vitamine	Stoffwechselaktivierung	fördert Stoffwechselprozesse
Vitamin C	Stoffwechselaktivierung	fördert Stoffwechselprozesse
Wasser	Stoffwechselaktivierung, Sättigung	fördert die Thermogenese und die Sättigung
Zimt		senkt den Blutzuckerspiegel
Zink	Stoffwechselaktivierung	Enzymaktivator und Hemmung der Insulinresistenz

Adressen & Literatur

Hier finden Sie viele Adressen, Internetadressen und Buchempfehlungen, die Ihnen helfen, mehr über eine gesunde Ernährungsweise, über Kalorienkiller und ein gesundes Abnehmen zu erfahren. Wenn Sie weitere Informationen benötigen, können Sie sich gerne an den Autor dieses Buches wenden, der auch Kalorienkiller-Seminare und Personal-Coaching anbietet.

Abnehmen mit dem Internet:

- www.svendavidmueller.de
  Ernährungsinformationen

- www.formmed.de
  Ärztliche Adipositasberatung

- www.muellerdiaet.de
  Ernährungsprogramm von Sven-David Müller für ganz schwere Fälle

- www.kalorienkiller.de
  Informationen über Kalorienkiller

- www.aid.de
  Informationen zu Lebensmitteln

- www.vdd.de
  Qualifizierte Diätberatung

- www.vitaspur.de
  Vitalstoffinformationen

- www.finde-deine-diaet.de
  Ärztliche Beratung von übergewichtigen Menschen

- www.dge.de
  Wissenschaftliche Ernährungsaufklärung

- www.almutcarlitscheck.de
  Verhaltenstherapeutische Ansätze zur Gewichtsreduktion

Adressen für eine schlankere Linie:

- Zentrum für Ernährungskommunikation und Gesundheitspublizistik (ZEK), c/o Sven-David Müller Wielandstraße 3, 10625 Berlin E-Mail: diaetmueller@web.de Internet: www.muellerdiaet.de

- Deutsche Gesellschaft für Ernährung e.V. Godesberger Allee 18, 53175 Bonn Telefon: 0228 3776-600 Telefax: 0228 3776-800 E-Mail: webmaster@dge.de Internet: www.dge.de

- Deutsche Adipositas Gesellschaft e.V. Waldklausenweg 20, 81377 München Telefon 089 71048358 Telefax: 089 71049464 E-Mail: mail@adipositas-gesellschaft.de Internet: www.deutsche-adipositas-gesellschaft.de

- Deutsches Kompetenzzentrum Gesundheitsförderung und Diätetik e.V. c/o Mareike Carlitscheck Adolphstraße 5, 50679 Köln E-Mail: mareike.c@web.de Internet: www.dkgd.de

Literatur

Julia A. Ello-Martin et al.: The influence of food portion size and energy density on energy intake: implications for weight management, The American Journal of Clinical Nutrition 2005; 82 (Suppl): 236S–41S

Mark A. Pereira et al.: Fast-food habits, weight gain, and insulin resistance (the CARDIA study): 15-year prospective analysis. The Lancet 2005, 365: 4–5

Bes-Rastrollo, M. et al.: Predictors of weight gain in a Mediterranean cohort: the Seguimiento Universidad de Navarra Study. American Journal of Clinical Nutrition 2006; 83: 362–70

McCarron D. A., Morris C. D., Bukoski R. : The calcium paradox of essential hypertension. Am J Med 82 (1987): 27–33

Rolls, Barbara et al.: Reductions in portion and energy density of foods are additive and lead to sustained decreases in energy intake. American Journal of Clinical Nutrition 2006; 83: 11–7

Gustavsen H. S. M. , Bestimmung des L-Carnitin- Gehaltes in rohen und zubereiteten pflanzlichen und tierischen Lebensmitteln, Inaugural-Dissertation zur Erlangung des Doktorgrades, Physiologisches Institut der tierärztlichen Hochschule Hannover, Bischofsholer Damm 15/102, 30173 Hannover, unter der Leitung von Prof. Harmeyer (2000)

Register

Wichtiger Hinweis

Die im Buch veröffentlichten Ratschläge wurden von Verfasser und Verlag mit größter Sorgfalt erarbeitet und geprüft. Eine Garantie kann jedoch nicht übernommen werden. Ebenso ist eine Haftung des Verfassers bzw. des Verlages und seiner Beauftragten für Personen-, Sach- oder Vermögensschäden ausgeschlossen.

Bibliografische Information der Deutschen Nationalbibliothek
Die Deutsche Nationalbibliothek verzeichnet diese Publikation in der Deutschen Nationalbibliografie; detaillierte bibliografische Daten sind im Internet über http://dnb.d-nb.de abrufbar.

© 2008 Knaur Ratgeber Verlag
Ein Unternehmen der Droemerschen Verlagsanstalt Th. Knaur Nachf. GmbH & Co. KG, München
Alle Rechte vorbehalten.

Das Werk einschließlich aller seiner Teile ist urheberrechtlich geschützt. Jede Verwertung außerhalb des Urhebergesetzes ist ohne Zustimmung des Verlages unzulässig und strafbar. Das gilt insbesondere für Vervielfältigungen, Übersetzungen, Mikroverfilmungen und die Einspeicherung und Verarbeitung in elektronischen Systemen. Es ist deshalb nicht gestattet, Abbildungen dieses Buches zu scannen, in PCs oder auf CDs zu speichern oder in Computern zu verändern oder einzeln und zusammen mit anderen Bildvorlagen zu manipulieren, es sei denn mit schriftlicher Genehmigung des Verlages. Bei der Anwendung in Beratungsgesprächen, im Unterricht und in Kursen ist auf dieses Buch hinzuweisen.

Projektleitung: Kathrin Gritschneder
Redaktion: Astrid Büscher, Hamburg
Bildredaktion: Sylvie Busche (Ltg.), Tanja Lex, Markus Röleke

Bildnachweis:
Umschlagillustration: Gisela Rüger
Illustrationen: Gisela Rüger
Rezeptfotos: Reiner Schmitz
Fotos:
mauritius images / emotive images S. 31; panthermedia / Monika S. S. 24; Photoalto S. 5, 11, 16, 19; Stockfood / Marc. O. Finley S. 7
Foodfotos: Reiner Schmitz

Herstellung: Veronika Preisler
Umschlaggestaltung, Layout und Satz: griesbeckdesign, München
Reproduktion: Repro Ludwig, A-Zell am See
Druck und Bindung: Gráficas Estella, S.L.

Printed in Spain

ISBN 978-3-426-64829-2

5   4   3   2   1

Bitte besuchen Sie uns auch im Internet unter der Adresse:
www.knaur-ratgeber.de